Diogenes Taschenbuch 24269

W0089847

Petros Markaris

Finstere Zeiten

Zur Krise in Griechenland

Diogenes

Die Erstausgabe
erschien 2012 im Diogenes Verlag
Die vorliegende Taschenbuchausgabe wurde
um die beiden Beiträge ›Eine Freundschaft
in Gefahr‹ sowie ›Vom Schwinden der
Erinnerung‹ erweitert, die hier
erstmals in Buchform erscheinen
Nachweis am Schluss des Bandes
Umschlagfoto: ›Griechenlandfahne mit Rost‹,
Copyright © K. F. L. / Fotolia.com

Inhalt

Eine lange Reise in die Nacht

Als ich in Griechenland mein Projekt angekündigt hatte, eine Romantrilogie über die griechische Krise zu schreiben, fragte mich eine junge griechische Journalistin:

»Herr Markaris, Sie wollen *drei* Romane über die Krise schreiben?«

»Eine Trilogie sind eben drei Romane«, antwortete ich.

»Und Sie glauben, dass die Krise so lange dauern wird?«, fragte sie entrüstet.

Inzwischen ist klar, dass es nicht bei einer einfachen Trilogie bleiben wird. Ich habe drei Varianten vor Augen: Entweder füge ich der Trilogie noch einen Epilog hinzu, der das Ende der Krise illustriert, oder ich mache aus der Trilogie eine Tetralogie. Es könnte aber auch sein, dass ich die erste Trilogie abschließe und mit einer neuen beginne. Das wäre die schlimmste Variante. Zum jetzigen Zeitpunkt weiß ich noch nicht, welche von den drei Varianten am wahrscheinlichsten ist.

Die Materialien in diesem Buch, die Artikel, Reden und das Interview, habe ich parallel zur Arbeit an den ersten zwei Romanen der Trilogie, *Faule Kredite* und *Zahltag*, geschrieben und veröffentlicht. Sie dienten mir als Grundlage für die Romane.

Das ist nicht theoretisch gemeint. Mit dem Projekt der »Krisentrilogie« wollte ich ja einerseits die Mechanismen und andererseits die Entwicklung der Krise und deren Auswirkungen auf die Bevölkerung darstellen.

Für einen Autor ist es riskant, wenn er sich mit aktuellen Themen beschäftigt, deren Entwicklung noch nicht abgeschlossen ist. Die Artikel, die Reden und die Interviews, in denen ich mich über die Krise geäußert habe, waren eine willkommene Hilfe. Denn darin habe ich die Krise nicht nur den Lesern zu erklären versucht, sondern auch mir selbst. Sie haben mir geholfen, einen klaren Kopf zu bewahren und die Krise in den Romanen mit Blick auf ihre Ursprünge und Ursachen zu beschreiben.

Der erste Artikel in diesem Band datiert vom 30. Dezember 2009, als die Krise gerade ausgebrochen war. Es war eine Zeit der gespaltenen Meinungen und der gespaltenen Gefühle. Ein Teil der Bevölkerung, vor allem Ökonomen, Akademiker und Journalisten, hatte den Ernst der Lage sofort erfasst. Die Mehrheit der Griechen ließ sich aber von den Zusicherungen der Regierung, vor allem des damaligen Premierministers Jorgos Papandreou, einlullen. Er gab sich völlig zuversichtlich, dass die Regierung die Krise in zwei Jahren meistern würde. Daher auch die Frage der jungen Journalistin.

Ich gehörte zu denen, die von Anfang an überzeugt waren, dass die Krise gekommen war, um zu bleiben. Sie würde uns nicht so schnell verlassen, und ich würde Zeit genug haben, um drei Romane zu verfassen.

Seien wir aber ehrlich: Keiner hat das Ausmaß der Krise und deren Auswirkungen auf die Bevölkerung vorausgesehen. Wir hatten keine Ahnung, was da auf uns zukam. Hauptsächlich weil die damalige Pasok-Regierung den Bürgern nie die ganze Wahrheit sagte. Sie versuchte sie zu beruhigen, indem sie ihnen versicherte, dass jede neue Maßnahme, egal, ob es um Kürzungen der Löhne und Renten ging oder um neue Steuern, die letzte sei. Es kamen aber immer neue Maßnahmen und Sparpakete dazu. Diese falsche Politik der Besänftigung traf die Griechen völlig unvorbereitet, sie verunsicherte und empörte sie.

Dennoch wird sie bis heute betrieben. Das kleinste positive Zeichen in der griechischen Wirtschaft sowie jede positive Aussage eines europäischen Politikers über Griechenland werden sofort hochgejubelt. Derweil ist die Arbeitslosigkeit seit Oktober 2012 von 23 Prozent auf 27 Prozent und die Jugendarbeitslosigkeit von 50 Prozent auf 60 Prozent gestiegen.

Wenn eine finanzielle Krise ausbricht, dann fragen sich die Leute immer, warum es so weit gekommen ist und wer die Schuld dafür trägt.

Die Gründe liegen im Falle der griechischen Krise weit zurück in der Vergangenheit. Der monströse Staatsapparat, der heute Griechenland lahmlegt, ist das Endprodukt einer Entwicklung, die in der Zeit nach dem Bürgerkrieg Ende der vierziger, Anfang der fünfziger Jahre begonnen hat. Viele Leute in Griechenland und anderswo gehen jedoch irrtümlicherweise davon aus, dass das heutige Desaster eine Folge der Misswirtschaft der letzten dreißig Jahre ist. Das stimmt nicht. Wenn man den geschichtlichen Aspekt beiseitelässt, dann gelangt man, wie viele Deutsche und andere Ausländer, zur falschen Schlussfolgerung: dass nämlich die Griechen allesamt korrupt sind.

Für mich besteht kein Zweifel daran, dass die politischen Eliten von der frühen Nachkriegszeit bis heute die Hauptschuld für den Zusammenbruch des Landes tragen. Sie haben durch ihre Klientelmentalität das Land an den Rand des Abgrunds gebracht. Das habe ich in meinem Vortrag ›Nur eine Finanzkrise?‹ zu erklären versucht. Im Artikel ›In Athen gehen die Lichter aus‹ beschreibe ich sowohl die Opfer dieses politischen Systems als auch dessen Profiteure.

Allerdings bin ich Schriftsteller und nicht Politikwissenschaftler. Auch deswegen ist mir der kulturelle Aspekt der Krise sehr wichtig, und zwar nicht nur in Bezug auf Griechenland, sondern auch auf die EU. In der Rede ›Krise ohne Perspektive‹ und dem Artikel ›Die Krise hat das letzte Wort‹ komme ich darauf zu sprechen, wie sich diese kulturelle Krise im Alltag bemerkbar macht, ob in Brüssel, Berlin oder Athen.

Athen, im August 2013

Kultur der Armut

»Wir brauchen das Verständnis dafür, dass Geld den Menschen dienen muss«, sagte Bundespräsident Horst Köhler in seiner Weihnachtsansprache. Ich fragte mich, ob der Bundespräsident die Deutschen angesprochen hatte oder die Griechen. Denn die Griechen nehmen den Satz wörtlich und betrachten die Bankkredite, die sie zu jedem Zweck bekommen, nicht als geliehenes Geld, sondern als Teil ihres Einkommens. Das ermöglicht ihnen ein Leben auf Pump, ohne sich darüber Sorgen machen zu müssen, wie und wann sie die Kredite zurückzahlen werden. Bankiers sind für die Griechen ganz nette Mitbürger, wenn sie einen Bau- oder einen Konsumkredit bewilligen, aber Spekulanten und Haie, wenn sie ihr Geld zurückverlangen.

Die griechische Finanzkrise hat mit der internationalen Finanzkrise wenig zu tun. Es gibt in Griechenland keine Lehman Brothers, keine BayernLB und keine Hypo-Vereinsbank. Zwar haben wir einen Ausläufer der internationalen Finanzkrise auch in

Griechenland gespürt, aber die griechischen Geld-institute spielen auf der Welt keine Rolle. Die grie-chische Krise ist hausgemacht, von uns Griechen selbst, sowohl von den Regierungen (vor allem von der letzten Karamanlis-Regierung) als auch von den Bürgern. Jede dritte griechische Bank könnte ein gutes Immobiliengeschäft aufbauen mit kon-fiszierten Wohnungen und Bauten von Kunden, die ihre Kredite nicht bedienen konnten. Und jede zweite Bank hätte leicht einen Autohandel eröff-nen können mit Fahrzeugen, die ebenfalls konfis-ziert wurden. Allein innerhalb der letzten fünf Monate, nachdem die letzte Karamanlis-Regierung die Gebühren für hochmotorisierte Wagen gesenkt hatte (angeblich, um den Autohandel anzukurbeln), wurden 20 000 Fahrzeuge konfisziert, und zwar Mercedes, BMW und Jeeps mit Allradantrieb. Jedes zweite Kind, das sein Abitur schafft, bekommt von Papa kein Fahrrad, sondern ein Auto geschenkt, mit dem schlagenden Argument: »Das arme Kind muss ja auf dem Weg an die Uni zweimal umstei-gen.«

Nicht nur der griechische Staat steckt tief in Schulden und kann den größten Teil seiner Ausga-ben nur noch durch Kredite decken. Jeder zweite Privathaushalt ist tief verschuldet und kann seine luxuriöse Lebensweise nur noch mit Krediten finanzieren. So wie der Staat nur noch widerwillig sparsam zu wirtschaften bereit ist, genauso wenig will der Durchschnittsbürger sparen.

Diese Mentalität hat sich schleichend seit Anfang der achtziger Jahre, also mit dem Beitritt Griechenlands in die damalige EWG, durchgesetzt. Bis dahin war Griechenland ein armes Land, das mit seiner Armut anständig leben konnte. Es hatte sogar nach seiner langjährigen Erfahrung mit der Sparsamkeit eine Art »Kultur der Armut« entwickelt. Dann kam das Jahr 1981, und das Geld begann in Strömen in das Land zu fließen. Die Griechen brauchten »die Kultur der Armut« nicht mehr, konnten aber auch keine »Kultur des Reichtums« entwickeln. Der Konsum wurde die treibende Kraft der Gesellschaft. In diesen knapp dreißig Jahren hat sich der öffentliche Sektor fast verdreifacht, weil er für die meisten Regierungen nicht als öffentlicher Dienst gesehen wurde, sondern als ein wolkiges Gebilde, in das man beliebig Leute einstellen konnte, mit dem einzigen Ziel, Wähler zu gewinnen. Aus dem öffentlichen Dienst wurde ein Selbstbedienungsladen mit öffentlichen Mitteln. Staat und Bürger konkurrierten miteinander, wer am meisten ausgeben konnte.

Als ich Mitte der sechziger Jahre nach Athen kam, sah ich, wie in fast allen armen Stadtvierteln die Armierungseisen aus den Dächern der Häuser herausragten. Diese Eisenstangen standen für den Traum vom zweiten Stockwerk. Die Familie musste fast ein Leben lang sparen, damit die Tochter oder der Sohn eine eigene Wohnung bekommen konnte. Heute bauen die Griechen Sommerhäuser und Villen und zerbrechen sich kaum den Kopf darüber, wie sie die Kredite zurückzahlen sollen.

Die Armierungseisen sieht man heute noch in den Dörfern auf dem Land. Was man nicht bemerkt, das ist die Mühsal einer stillen Minderheit. Diese Minderheit ist die einzig treibende Kraft Griechenlands. Wenn das Land noch nicht pleitegegangen ist, so ist es dieser Minderheit zu verdanken, die seit Jahrzehnten maßvoll und produktiv arbeitet und in die marode Wirtschaft weiter investiert. Ein Teil dieser Minderheit musste während der Dezember-Krawalle 2008 zusehen, wie man ihre Geschäfte zerstört, in Brand gesteckt oder geplündert hat. In den Nachrichten konnte man dann die Bilder von der Zerstörung Athens sehen; es meldeten sich Studenten, Polizisten und Politiker zu Wort, aber die stille Minderheit schwieg. Sie hatte weder Sprache, noch fand sie Gehör.

Wohlgemerkt: Ich rede nicht von einer Oberschicht, die im Parteiensystem gut verankert ist und auch davon reichlich profitiert, sondern von kleinen und mittleren Unternehmen und Betrieben, die seit eh und je das Fundament der griechischen Wirtschaft und Gesellschaft bilden. Diese Schicht ist zwar zusammengeschrumpft, bleibt aber im Kern nach wie vor gesund.

Im Laufe der letzten zwei Monate ist das Defizit zum Lieblingsthema in den Zeitungen und im Fernsehen geworden, wobei die Griechen weniger über den Schuldenberg des Landes entsetzt sind. Entsetzt sind sie vielmehr über den Druck, den die EU, die Europäische Zentralbank oder der Internationale Währungsfonds ausüben. Immer wenn die Griechen hilflos sind, greifen sie nach Verschwörungstheorien. Einmal sind es Frau Merkel und Herr Schäuble, die die Stimmung gegen Griechenland anheizen, weil sie ein Exempel für die anderen EU-Länder statuieren wollen und Griechenland als Versuchskaninchen benutzen. Ein anderes Mal sind es die EU und der IWF, die uns an den Pranger stellen wollen. Dann sind es die Rating-Agenturen wie Standard & Poor's, Moody's und Fitch, die unsere Kreditwürdigkeit herabsetzen und mit ihren Schattengeschäften zulasten Griechenlands arbeiten.

Im Gegensatz zur schreienden Mehrheit, die über den zu erwartenden Verlust ihrer Privilegien jammert und wie immer die Rechnung in fremde Taschen stecken will, sieht die stille Minderheit im Eingreifen der EU und des IWF die einzige Hoffnung, damit sie endlich ein normales Dasein führen kann. Die Hoffnung, dass Griechenland sich von selbst heilen kann, hat sie längst aufgegeben.

30. Dezember 2009

Die schönen Tage sind vorbei

»Die schönen Tage in Aranjuez sind nun zu Ende.«
So fängt *Don Karlos* an. Friedrich Schiller hat den
Vers nicht für die Griechen geschrieben. Dass er
trotzdem auf sie zutrifft, ist reiner Zufall. Griechenland erlebt derzeit seine wohl schwerste Krise
der Nachkriegszeit, und sie ist zu neunzig Prozent
hausgemacht. Mittlerweile gibt das der größte Teil
der Bevölkerung ohne Wenn und Aber zu. Worauf
die Griechen sich nicht einigen können, ist, wann
dieses große finanzielle Desaster begonnen hat.
Die meisten beschuldigen die zwei Regierungen
der Partei Nea Dimokratia unter Premierminister
Kostas Karamanlis, die das Land von 2004 bis 2009
regierten. Andere gehen bis zum Anfang der achtziger Jahre zurück, in die Zeit also, als Griechenland in die damalige Europäische Wirtschaftsgemeinschaft (EWG) kam. Jene, die so argumentieren,
verweisen zu Recht auf die zwei Finanzkrisen: die
erste von 1985, als das Staatsdefizit auf 9,5 Prozent
des Bruttoinlandsprodukts stieg, und die zweite,

die Anfang der neunziger Jahre kam. Demnach wäre die Krise, die wir jetzt erleben, die dritte und die schlimmste.

Das klingt zwar nach einem überzeugenden Zusammenhang, doch ich glaube, dass der Ursprung der gegenwärtigen Krise in den Olympischen Spielen von 2004 liegt. Der Etat der Olympischen Spiele betrug 2,4 Milliarden Euro. Offiziell haben sie aber 11,5 Milliarden gekostet. Die zusätzlich benötigten Milliarden wurden mit Krediten finanziert. Fast ein Fünftel der Kreditsumme, die das Land heute braucht, geht also auf die Olympiade zurück. Ein gutes Beispiel dafür ist ein Kredit, von dem in der letzten Zeit in der EU viel die Rede ist. Im Jahre 2002 verschaffte die Bank Goldman Sachs Griechenland einen Kredit in Höhe von einer Milliarde Euro. Dieser Kredit floss weder in die Wirtschaft noch in die Rüstungsausgaben, sondern wie eine Reihe weiterer Kredite in die Olympischen Spiele. Die Griechen hatten eine eindrucksvolle Eröffnungsfeier, sie feierten den Erfolg Griechenlands, zumal das Land vor den Spielen von vielen unterschätzt, sogar verpönt wurde, fragten aber nicht nach der Rechnung und wer sie bezahlen sollte.

Wir Griechen versuchen, mit oder ohne die EU, immer das Symptom zu heilen und nicht die Ursache. Denn das Problem Griechenlands ist primär ein politisches. Die finanziellen Krisen kehren immer wieder zurück, sie sind die Folge einer jahrelangen falschen Politik.

Griechenland war bis 1981 ein armes Land, das aber mit seiner Armut anständig leben konnte. Dann begannen die EWG-Subventionen zu fließen. Zum ersten Mal in der neugriechischen Geschichte hatte die Regierung volle Kassen. Andreas Papandreou, der Premierminister der ersten Pasok-Regierung, versuchte damit die Gunst der Wählerschaft zu gewinnen. Er ließ es zu, dass die Subventionen an Privilegierte verteilt und für andere Zwecke verwendet wurden als jene, die von der EWG und später von der EU vorgeschrieben waren. Das war eine politische Entscheidung, und es war der Anfang einer Klientelwirtschaft zum Zweck der Wiederwahl, die dann von allen Regierungsparteien weitergeführt wurde. Jede Regierung brachte ihre eigenen Leute im Staatsapparat unter, der so aufgepumpt wurde, bis er funktionsunfähig war. Alle Welt konnte sich während der Brände 2007 ein Bild davon machen, wie unfähig dieser Staatsapparat ist.

Die Korruption, die heute von der ganzen EU und vor allem von den Deutschen beklagt wird, hat ihre Anfänge in dieser Zeit. Nur sollte man dabei bedenken, dass die Korruption ein Verbrechen ist und wie jedes andere Verbrechen Täter und Opfer braucht. Und die Opfer sind weder die EU noch die Deutschen, sondern fast nur die Griechen selbst. Die Übertreibung also, dass Griechen allesamt korrupt seien, trifft nicht zu. Abgesehen davon, dass der größte Skandal der letzten dreißig Jahre, der Siemens-Skandal, kein griechischer war.

Ein Jahr nach dem Kredit für die Olympiade verschaffte die Londoner Niederlassung der Deutschen Bank in Zusammenarbeit mit der Commerzbank Griechenland einen Milliardenkredit für den Kauf von Rüstungsgütern. Damit sind wir beim zweiten Teil der politischen Entscheidungen, und das sind die Rüstungsaufträge. Griechenland zahlt seit Jahren enorme Beträge für Rüstungsaufträge, die sich ein kleines Land auf die Dauer nicht leisten kann. Sie werden mit dem soliden Argument »Konflikt mit der Türkei« begründet. Von diesen Aufträgen profitieren aber weder die auf Pump lebenden Griechen noch der kranke griechische Staatsapparat, vielmehr profitiert Deutschland mit seinen Eurofightern und Leopard-Panzern, Frankreich mit seinen Mirages und auch Russland mit seinem TOR-MI-Raketensystem.

Noch vor ein paar Monaten, inmitten der Finanzkrise, bekam Deutschland einen saftigen Rüstungsauftrag für Leopard-Panzer und zwei U-Boote zusätzlich zu einem früheren Auftrag. Bei seinem letzten Besuch in Griechenland versuchte der deutsche Außenminister, uns Mut zu machen, indem er uns versicherte, dass die rigorosen Sparmaßnahmen der Regierung Erfolg haben würden. Gleichzeitig warb er aber hinter den Kulissen für einen Auftrag für Eurofighter. Die EZK-, Eurostat- und IWF-Experten, allen voran Herr Olli Rehn, kamen mit Riesenscheren nach Griechenland, um überall zu schneiden und zu kürzen, nur die Rüstungsausgaben wurden nicht angetastet, womöglich um einige Staaten der Eurozone nicht zu verärgern.

Nun sieht der griechische Stabilitäts- und Wachstumspakt ungefähr so aus: Gekürzt werden vor allem die Gehälter des öffentlichen Sektors. Die Rüstungsausgaben bleiben unangetastet, damit das Wachstum von bestimmten Europartnern Griechenlands nicht gefährdet wird. Die Schuld dafür schieben die Griechen, die diese Vorgehensweise stillschweigend akzeptieren, den Türken in die Schuhe.

Einige deutsche Blätter, Journalisten und mittlere Parteifunktionäre, die uns in jüngster Zeit empfehlen wollten, die Akropolis oder einige Inseln zu verkaufen, um unser Kreditvolumen zu verringern, hätten uns einen besseren Dienst erwiesen, wenn sie uns geraten hätten, mit unseren Rüstungsausgaben sparsamer umzugehen.

Es ist auch naiv, die Empörung der Griechen über solche Aussagen damit abzutun, dass man diese Empörung auf Traumata aus der deutschen Besatzungszeit zurückführt. Das ist ungefähr wie das Argument der Israelis, jeder, der die israelische Politik kritisiere, sei ein Antisemit. Das haben die Griechen wirklich nicht verdient. Ich habe mir immer den Kopf darüber zerbrochen, wie es dazu kommen konnte, dass die Griechen die ehemaligen Besatzer höher schätzen und freundlicher aufnehmen als ihre ehemaligen Befreier, die Briten und die Amerikaner. Nirgendwo sonst in Griechenland war die deutsche Besatzung so brutal wie auf Kreta. Auf Kreta, in der Nähe von Chania, gibt es heute ein deutsches Dorf. Die Deutschen leben dort das ganze Jahr, haben eine sehr enge und freundschaftliche Beziehung zu den Kretern. Dieses Verhältnis ist jetzt gestört, teils wegen der Arroganz deutscher Medien, teils aber auch wegen der völlig deplatzierten Aussagen griechischer Politiker. Jedenfalls haben weder die Deutschen noch die Griechen etwas davon.

Es ist auch ungerecht, dass man nur die Griechen beschuldigt, weil sie getrickst haben, um die Maastricht-Kriterien zu erfüllen. Das haben auch viele andere Länder getan. Man vergisst heute geflissentlich, dass der Beitritt aller Länder zur Währungsunion eine politische und keine finanzielle Entscheidung war, so wie auch die Einführung des Euro eine politische mit flüchtiger finanzieller Vorbereitung war. Die Folgen dessen bekommt die Eurozone heute zu spüren. Irland wird weder der Korruption noch der Vetternwirtschaft oder der Steuerhinterziehung beschuldigt, steht aber nicht besser da als Griechenland. All das lässt sich mit Schiller nicht erklären, wohl aber mit Brecht. »Mein Geld will ich, und mein Gewissen rein«, heißt es in der *Heiligen Johanna der Schlachthöfe*.

So ungefähr sieht heute die Eurozone aus. Brecht hat in der *Dreigroschenoper* auch etwas anderes gesagt, was heute sehr aktuell ist: »Was ist ein Einbruch in eine Bank gegen die Gründung einer Bank?« Die Deutschen, die Dutzende Milliarden Euro aus Steuergeldern in ihre Banken gepumpt haben, werden es wohl besser verstehen.

3. April 2010

Tragödie oder Komödie?

Der griechische Premierminister Giorgos Papandreou verkündete von der idyllischen Insel Kastellorizo, dass Griechenland offiziell das Hilfspaket der EU und des IWF beantragen würde, und bereitete die Griechen auf eine »neue Odyssee« vor. Am nächsten Tag erinnerte ihn ein Kolumnist daran, dass am Ende der Odyssee allein Odysseus Ithaka erreicht. Keiner seiner Weggefährten überlebt die Reise. Es dauerte nicht lange, bis sich die Prophezeiung des Kolumnisten als wahr erwies. Die ersten drei Weggefährten starben bereits auf ihrem Weg nach Ithaka, in einer brennenden Bank in Athen am Mittwoch, dem 5. Mai, das heißt zurück in die siebziger Jahre, in die wir jetzt wieder hingehören.

Ich weiß nicht, warum der griechische Premierminister nicht Ithaka gewählt hat, um die neue Odyssee zu verkünden. Vielleicht weil er selbst ahnte, dass das, was Griechenland heute erlebt, nicht mit einem Epos zu vergleichen ist. Es erinnert vielmehr an eine Tragödie. Die Epen erzählen von großen Begebenheiten der Vergangenheit, um es nach Goethe zu sagen. Griechenland erlebt heute keine große Begebenheit, sondern eine miserable Realität, die noch weit davon entfernt ist, Vergangenheit zu sein. Wenn die Griechen sich dagegen in der antiken Tragödie umschauen würden, dann hätten sie sofort den passenden Chor zu ihrer Lage gefunden. Es ist der Chor aus den *Troerinnen* von Euripides, die ihr Klagelied auf den Ruinen Trojas erheben. Ein einfallsreicher Regisseur hätte sogar dem Frauenchor einige Griechen, vorzugsweise Rentnerinnen und Rentner, hinzugefügt.

Die Tragödie, die sich allerdings am 5. Mai in Athen abspielte, war *Sieben gegen Theben* von Aischylos, in der sich die zwei Brüder von Antigone, Eteokles und Polyneikes, gegenseitig abschlachten. Die Tragödie, die auf *Sieben gegen Theben* folgt, als zweiter Teil sozusagen, ist die Antigone von Sophokles, in der Antigone ihre zwei Brüder zu begraben versucht und auf den Widerstand Kreons stößt. Die Griechen hatten am Anfang gehofft, dass Frau Merkel die Rolle der Antigone übernehmen würde. Sie zog aber ziemlich lange die Rolle des Kreon vor und hat die Griechen, die jetzt gezwungen waren, die Rolle der Antigone selbst zu übernehmen, daran gehindert, ihre Brüder, in diesem Fall ihre Schuldenberge, zu begraben. Denn die

Beziehung der Griechen zu ihren Schulden ist mittlerweile fast eine brüderliche.

Ich habe jedoch meine Zweifel, ob Frau Merkel eine tragische Figur ist. George Bush jr. war ja auch keine, obwohl er mehrere Tragödien ausgelöst hat. Tragische Figuren zeichnen sich nicht durch Härte aus, sondern durch Leiden und Erliegen. Willy Brandt war eine solche Figur, zum Beispiel. Frau Angela Merkel erinnert mich eher an die Lysistrata von Aristophanes.

Ähnlich wie Lysistrata, die den Krieg zwischen Athen und Sparta zu beenden bemüht ist, so ist auch Frau Merkel, zumindest in den letzten Tagen, bemüht, den Absturz des Euro zu stoppen. Ob es ihr gelingen wird wie Lysistrata, bleibt noch offen, so wie es offenbleibt, ob wir die Krise überleben werden. Erst ihr Scheitern würde aber Frau Merkel zur tragischen Figur erheben.

Die Deutschen glauben, dass sie die griechische Antike so gut beherrschen wie kein andere europäische Nation, besser sogar als die Griechen. Das ist zwar übertrieben, falsch ist es aber nicht. Jeder, der den zweiten Teil von Goethes *Faust* gelesen hat, weiß sofort, wie vertraut die Antike den Deutschen war, von Benjamin Hederich und seinem *Gründlichen mythologischen Lexikon* oder Eduard Zeller und seiner *Philosophie der Griechen* ganz zu schweigen. So könnte man auch erklären, warum die Wut der Deutschen uns gegenüber etwas Antikes hat. Sie wollen, dass wir Gift trinken, wie Sokrates, weil wir gegen die Gesetze verstoßen haben.

Leider haben aber die Deutschen die Antike so stark idealisiert, dass ihre menschliche Seite einfach verschwunden ist. Wieder genügt ein Blick in den zweiten Teil von *Faust*. Goethes Arkadien in der Helenentragödie hat nie existiert, weder im Altertum noch heute. Und in der Gestalt des Euphorion kann man den großen Unterschied zwischen den Deutschen und den Engländern sehen. Goethe idealisiert Lord Byron als Euphorion. Lord Byron selbst aber wollte nicht das antike Hellas retten, sondern an der Seite der einfachen, illiteraten griechischen Landwirte und Hirten gegen die Osmanen kämpfen. Das ist, was einige Zeitschriften und Zeitungen wie *Focus* oder *Bild* nicht verstehen können. Sie halten uns vor, dass wir in zweitausend Jahren keinen neuen Platon, Sophokles oder Perikles hervorgebracht haben, folglich seien wir ein Haufen von Gescheiterten. Sie glorifizieren zwar das antike Athen, ihre Haltung ist aber jene der Spartaner. Weil sie idealisieren, können sie nicht sehen, dass der Treffpunkt zwischen dem neuen und dem antiken Griechenland nicht die großen Tragiker oder die Philosophen sind, sondern der Alltag.

Der Alltag der antiken Athener, ihre Mentalität, die Art und Weise, wie sie ihre Geschäfte führten, ihr Tricksen mit den Gesetzen, all das ist den Neugriechen sehr nah und sehr vertraut. Das war auch der Grund, warum die Spartaner die Athener so abschätzig bewertet haben. Das Leben in Sparta war zwar sehr geordnet, sehr diszipliniert, aber auch sehr fade. Das war es nie in Athen. Nicht im antiken und, trotz der Misere, auch nicht im modernen.

In diesem Sinn ist auch Aristophanes den modernen Griechen viel näher als die Tragiker, obwohl sie es kaum noch merken. Man braucht nicht lange im Werk von Aristophanes zu suchen, um das passende Stück zu finden. Es ist *Plutos* (der Reichtum). Aristophanes hatte die geniale Idee, den Reichtum als blind darzustellen. Alle im Stück versuchen, den Reichtum an sich zu reißen, und der lässt sich alles gefallen, weil er blind und wehrlos ist. Sieht man den heutigen Plutos auch als Blinden, dann fügt sich alles ein: die Griechen, die Deutschen, die Eurozone, die Finanzmärkte, die Banken, die Spreads – alles. Denn auch heute wird Plutos herumgezerrt, und er kann sich nicht wehren, weil er blind ist.

In letzter Zeit hört man immer mehr Stimmen, die befürchten, dass die neue griechische Odyssee sich zu einer europäischen ausweiten könnte. Hof-

fentlich werden dann die Regierungschefs der Eurozone, wenn sie vor dem neuen Zyklopen stehen,
der heute der internationale Finanzmarkt ist, auf
dessen Frage »Wer bist du?« nicht wie Odysseus mit
»Niemand« antworten müssen.

Denn das wird dann keine schlaue Antwort sein,
sondern die reine Wahrheit. Vielleicht werden aber
auch dann die Europäer zu der Einsicht kommen,
dass das Problem in der EU kein primär finanzielles, sondern ein politisches ist.

15. Mai 2010

Wo *alles »sozialistisch«* ist

Die Abgeordneten der Europäischen Volkspartei waren empört: Ihre Schwesterpartei, die Nea Dimokratia, hatte im griechischen Parlament gegen die Auflagen des Internationalen Währungsfonds und die EU-Sparmaßnahmen gestimmt. »Wie ist es möglich, dass wir im Europaparlament für das griechische Hilfspaket stimmen, während Sie in Ihrem Parlament gegen die Sparmaßnahmen votieren, die ja mit zum Paket gehören! Das ist unerhört«, riefen die Parlamentarier entsetzt, allen voran die Deutschen, weil es ja mittlerweile in Deutschland schick geworden ist, bei jedem Anlass über Griechenland zu schimpfen.

Die EU-Abgeordneten der Volkspartei – ein europaweiter Zusammenschluss von konservativen Parteien – konnten nicht wissen, dass die Nea Demokratia in Griechenland die Maßnahmen abgelehnt hatte, weil sie ihrer langen »sozialistischen« Tradition treu bleiben wollte.

Das ist kein Witz. Griechenland ist tatsächlich

der letzte Staat des real existierenden Sozialismus in Europa. Das sagen zwar viele, was sie jedoch nicht erwähnen, ist, dass dieser »sozialistische« Staat nicht von einer kommunistischen Partei, sondern von den rechten Regierungsparteien Griechenlands aufgebaut worden ist. Mit Ausnahme der deutschen Besatzung (1940–1944) hat die Rechte in Griechenland über vierzig Jahre lang ununterbrochen regiert – entweder als Diktatur (Metaxas-Diktatur 1936–1940), Militärjunta (1967–1974), konstitutionelle Monarchie (1944–1967) oder als demokratische Mitte-rechts-Regierung (1974–1981).

Die Rechte hat während dieser Jahrzehnte ihre Macht stets in zwei Richtungen ausgeübt. Einerseits verfolgte sie unerbittlich ihre Gegner, andererseits verteilte sie Privilegien an jene Teile der Bevölkerung, die ihr gehorsam folgten. Sie baute ein Willkür- und Abhängigkeitssystem auf, das den zentral gelenkten Machtapparaten sowjetischer Prägung viel näher war als einem demokratischen Rechtsstaat.

Vor allem nach dem Bürgerkrieg (1946–1948), den die von Britannien und den USA unterstützte Rechte mit erbarmungslosem Terror führte und der mit einer Niederlage der Linken endete, übten die rechten Parteibonzen in der griechischen Provinz eine ähnliche Macht aus wie die Parteisekretäre in der Provinz einer Volksrepublik. Bis Ende der sechziger Jahre waren der Bevölkerung viele Bürgerrechte und Freiheiten verwehrt.

Sammelbecken für die Privilegierten dieses Systems war der Staatsapparat. Jede junge Frau und jeder junge Mann lebte mit dem Traum, nach dem Studium eine Stelle beim Staat zu bekommen. Es hat Familien gegeben, die einem linken Verwandten die Tür vor der Nase zuschlugen, nur um ja nicht als linkenfreundlich zu gelten und so einen Platz im öffentlichen Dienst zu verspielen. Sogar als Gärtner oder Putzfrau beim Apparat eingestellt zu werden, war ein Privileg. Jedes Parteimitglied, jeder Leiter einer Behörde und die gesamte Regierung von den Staatssekretären bis zum Ministerpräsidenten durften ihre Günstlinge – »unsere Kinder«, wie sie sie nannten – unbegrenzt und unkontrolliert im Service public unterbringen.

So wie in den Ländern des real existierenden Sozialismus die Nomenklatura und die Parteimitglieder über alle Privilegien verfügten, während die einfachen Bürger schuften mussten, so entstand auch in Griechenland ein System, in dem die Günstlinge der Rechten alle Privilegien bekamen, während die übrige Bevölkerung als Bürger zweiter Klasse lebte.

Dann kam im Jahr 1981 die sozialdemokratische

Wende. Andreas Papandreou, Gründer der Panhellenischen Sozialistischen Bewegung Pasok, erkannte seine Chance, sobald er Ministerpräsident war. Er verpackte dieses Gebilde der Rechten in ein sozialistisches Vokabular und verkaufte es als das Werk der »ersten sozialistischen Regierung« Griechenlands. Statt den Staat der Rechten zu zerschlagen, platzierte die Pasok massenhaft die eigenen Leute im Staatsapparat – mit dem schlagenden Argument: »Die Rechte hat jahrelang vom Staat profitiert. Jetzt sind unsere Leute an der Reihe.«

Die Folgen dieser Entscheidung reichten weit. Weil sie sich ganz auf den Staat konzentrierten und sich mit dessen Übernahme begnügten, ist es kein Wunder, dass die linken Parteien in Griechenland – inklusive der Kommunistischen Partei KKE und der radikallinken Koalition Synaspismos – in den Jahrzehnten nach der Militärdiktatur weder ein überzeugendes Programm vorlegten noch Vorschläge zum Umbau der Gesellschaft entwickelten. Und so sind sie, zusammen mit den Gewerkschaften, damit beschäftigt, die Errungenschaften dieses Systems des »real existierenden Sozialismus« unnachgiebig zu verteidigen. Sie kämpfen seit Jahren dafür, dass alles beim Alten bleibt.

Die Empörung der konservativen EU-Abgeordneten wäre sogar größer, wenn sie wüssten, dass es vorige Woche ein Treffen zwischen der Nea Demo-kratia und den beiden Linksparteien KKE und Synaspismos gegeben hat, um den gemeinsamen Widerstand gegen die Sparmaßnahmen der Pasok-Regierung zu koordinieren. Sie sind ja alle »Sozialisten«.

Ohne die Dynastien in den großen griechischen Parteien hätte dieses System aber nicht überleben können. Griechenland ist eine Republik, wird aber wie eine Monarchie regiert – von drei Familien, die immer den Thronfolger, also den Ministerpräsidenten, stellen. Es sind die Familien Papandreou, Karamanlis und Mitsotakis. Es gibt in Europa mehrere konstitutionelle Monarchien. Politische Dynastien gibt es aber nur in Griechenland.

Die Familie Papandreou hat seit 1944 drei Ministerpräsidenten gestellt: den Gründer der Dynastie Georgios Papandreou, seinen Sohn Andreas Papandreou und seinen Enkel Georgios Papandreou, der jetzt Regierungschef ist. Die Monarchie hat 29 Jahre überlebt (sie war 1946 nach Griechenland zurückgekehrt und wurde 1975 per Volksentscheid abgeschafft), die politische Dynastie der Familie Papandreou bis jetzt 66 Jahre.

Konstantinos Karamanlis ist 1953 als Verkehrsminister in die Politik eingetreten. Sein gleichnamiger Neffe war Regierungschef, bis er im Oktober

2009 die Wahl verlor. Er war der vielleicht unfähigste Ministerpräsident der Nachkriegszeit. Als 2007 der Peloponnes brannte, saßen die Griechen vor ihren Fernsehern und sahen zu, wie ausländische Feuerwehrkräfte gegen die Flammen kämpften; der marode, lahmgelegte griechische Staatsapparat besaß weder die Kraft noch die Strukturen, um die Brände in den Griff zu bekommen. Karamanlis wurde dennoch im selben Jahr wiedergewählt. Eine große Zahl seiner Wahlstimmen kam von den Opfern der Brände, denen er je 3000 Euro zugeschanzt hatte.

In den 36 Jahren seit der Militärdiktatur wurde Griechenland nur knapp zehn Jahre von einem Ministerpräsidenten regiert, der nicht den Namen Karamanlis, Papandreou oder Mitsotakis trug (Konstantinos Mitsotakis, dessen Vater und Grossväter Abgeordnete waren, saß 1990 bis 1993 einer konservativen Regierung vor). Der Einzige, der keinem Clan angehörte und dennoch zweimal gewählt wurde, war der Pasok-Politiker Kostas Simitis.

Diese Beschränkung der politischen Landschaft auf drei Familien hat zur Verkrustung des Systems geführt und das Erscheinen von anderen Politikern auf der politischen Bühne blockiert. Die griechischen Wähler scheinen damit kein Problem zu haben – ihnen bleibt angesichts der Dominanz der zwei großen Parteien allerdings auch kaum eine Alternative. Seit Jahrzehnten ist das Land in zwei Lager geteilt: das Papandreou-Lager und das Karamanlis-Lager. Und in beiden Lagern wählen die Parteikader, die durch die Gunst der Familien eine politische Karriere beginnen konnten, die Sprösslinge der Familien an die Spitze, weil sie sich dadurch einen leichteren Aufstieg in der Parteihierarchie versprechen.

Die Politik ist der dritte Teil dieses Triptychons. Griechenland war bis 1989 der einzige Balkanstaat des Westens. Es war sowohl Mitglied der EU als auch der Nato und hatte somit gute Voraussetzungen, um nach dem Ende des Ost-West-Konflikts eine Führungsrolle im zentralen und südlichen Balkanraum zu übernehmen. 1989 öffneten sich plötzlich große Perspektiven für Finanz- und Investitionstätigkeiten in den Nachbarländern. Man träumte von Thessaloniki als der Metropole des Balkans. Vor allem nordgriechische Unternehmen begannen eifrig, ihre Geschäfte auf Mazedonien, Bulgarien, Rumänien und Albanien auszuweiten.

Doch dann kam es zum Namensstreit mit Mazedonien, den kein anderes Land so richtig verstehen konnte. Der Konflikt hält an und wird sogar noch aggressiver geführt, weil mittlerweile auch in Mazedonien die Nationalisten das Sagen haben. Die griechischen Regierungen überließen die griechischen Firmen ihrem Schicksal, weil die »nationalen Interessen«, wie man sie so schön nennt, bei den Wählern besser anzukommen schienen als die Geschäfte. Anfang der neunziger Jahre, als sie ihre Wirtschaft privatisierten, waren die mazedonischen Parteien sogar bereit, ihre Telekom- und Elektrizitätsgesellschaften an griechische Unternehmen zu verkaufen. Heute verlässt das griechische Kapital den Nachbarstaat, weil es zwischen zwei Fronten steht – und türkische Konzerne übernehmen den Markt.

Es war aber der Nato-Krieg gegen Jugoslawien, der alle griechischen Hoffnungen auf eine Führungsrolle im Südbalkan zerschlug. Griechenland war das einzige Nato-Mitglied, das das Regime von Slobodan Milosevic indirekt unterstützte. Griechenland nahm an den Bombardements nicht teil, sperrte den Luftraum für Nato-Kampfflugzeuge und untersagte sogar Nato-Konvois die Durchfahrt. Die Kirche in Griechenland sprach zwar damals oft von »unseren orthodoxen Brüdern«, aber es war mehr als das: Die griechische Haltung hatte sowohl mit Milosevics Nationalismus zu tun (der mit dem mazedonischen Problem gerechtfertigt wurde) wie mit einer verdrehten »sozialistischen« Solidarität. Griechenland hat sich von diesem Alleingang nie

erholt. Er schadete den griechischen Investitions-
plänen im Ausland und der wirtschaftlichen Entwicklung von Nordgriechenland.

Die griechische Politik hat kurzsichtige »nationale Interessen« stets höher eingestuft als das politische und finanzielle Potential des Landes. Ein
aktuelles Beispiel: Ende vorletzter Woche besuchte
der türkische Premierminister Tayyip Erdogan mit
großem Gefolge Athen. Zum ersten Mal seit Jahren
verliefen die Gespräche entspannt; es wurden 21
Verträge unterschrieben. Und doch warnten gleich
mehrere Kolumnisten vor der Gefahr, die vom
»neuen osmanischen Reich« für »unsere nationalen
Interessen« ausgehen könnte.

Griechenland und die griechische Bevölkerung
sind nicht das Problem. Die Finanzkrise ist vielmehr die Folge einer falschen Politik auf mehreren
Ebenen – und das seit Jahrzehnten.

27. Mai 2010

Risse wie nach einem Beben

Fukushima hat gezeigt, wie klein und unwichtig Griechenland ist. Es kann weder eine gigantische Umweltkatastrophe verursachen noch die Eurozone in den Abgrund ziehen – es sei denn mit Hilfe von Irland, Portugal und vor allem Spanien. Griechenland kann nur sich selbst schaden, und das tut es konsequent seit dreißig Jahren. Nun sind wir in der letzten Etappe dieser Selbstzerstörung angelangt, das Land ist tief gespalten. Es gehen Risse durch die Gesellschaft, die sich – wie nach einem großen Erdbeben – durch alle Bereiche ziehen.

Bei den Kleinunternehmen herrscht Endzeitstimmung. Die Krise hat sie am härtesten getroffen. Das trostlose Bild leerer Läden und Geschäfte sieht man nicht nur in den Stadtteilen der Kleinbürger und des Mittelstands, sondern auch in den eleganten Einkaufsvierteln im Zentrum Athens. Diesen Betrieben steht ein immer noch riesiger, maroder Staatsapparat gegenüber, der zwar lahmgelegt ist, aber nach wie vor enorme Ressourcen verschlingt.

Ein weiterer Riss durchzieht die große Schar der Lohnabhängigen. Während die Angestellten im Privatsektor um ihre Arbeitsplätze bangen, verteidigen die Beschäftigten im öffentlichen Dienst verbissen ihre Vorteile. Mit einigem Erfolg: Sie mussten zwar Lohnkürzungen hinnehmen, aber bis jetzt wurde kaum jemand aus dem öffentlichen Dienst entlassen. Die vielen Arbeitslosen – die Quote beträgt offiziell 16 Prozent – kommen vor allem aus der Privatwirtschaft.

Zu Beginn der Krise hatten sich alle im In- und Ausland gespannt die Frage gestellt, ob Griechenland die Krise meistern und ob die Regierung die vielen Streiks und Demonstrationen überstehen kann. Die Antwort auf die erste Frage ist offen, allerdings sind die Aussichten schlecht. Arbeitsniederlegungen und Manifestationen gehören jedoch nicht mehr zum Alltag der Griechen. Auch wenn es immer wieder zu Ausständen wie dem der Journalisten vor vier Wochen kommt: Die Bevölkerungsmehrheit akzeptiert die harten Reformen und versucht, sich mit der neuen, schmerzhaften Realität zu arrangieren.

Das heißt aber nicht, dass es keinen Protest mehr gibt. An die Stelle der großen, meist von Gewerkschaften und linken Parteien ausgerufenen Streiks und Kundgebungen treten zunehmend kleine

Aktionen, die von Minderheiten organisiert werden. Sie richten sich besonders gegen Politiker der beiden großen Parteien – der sozialdemokratischen Regierungspartei Pasok und der konservativen Oppositionspartei Nea Dimokratia, die bis Oktober 2009 an der Regierung war. Deren Vertreter werden überall attackiert: auf der Straße, in Restaurants und Cafés, vor allem aber an politischen Veranstaltungen im Inland wie im Ausland.

Ministerpräsident Giorgos Papandreou wurde während einer Rede in Paris von Studenten angepöbelt. Vizepremier Theodoros Pangalos machte gleich zweimal eine ähnliche Erfahrung – einmal in Paris, als er einen Film des französisch-griechischen Regisseurs Constantin Costa-Gavras vorstellen wollte, und einmal in seinem eigenen Wahlkreis, wo er mit Joghurt beworfen wurde (das passierte übrigens auch Gesundheitsminister Andreas Loverdos bei einem Besuch der Universität Patras). Abgeordnete der Nea Dimokratia sind ebenfalls Ziel von Gewaltausbrüchen. So wurde der frühere Verkehrsminister Kostis Hatzidakis, ein liberaler Zentrumspolitiker, auf offener Straße attackiert; er landete im Krankenhaus.

Daneben gibt es Protestaktionen unter dem Motto »Wir zahlen nicht«. Organisiert werden sie von Gruppen, die die Bus- und Metrofahrgäste zum

Billettboykott aufrufen und Fahrkartenautomaten zerstören. Auch Autofahrer greifen zu ähnlichen Maßnahmen: Sie besetzen Mautstationen und lassen andere ohne Wegzoll passieren. Ganz unrecht haben diese Gruppen nicht. Denn die Fahrpreise im öffentlichen Nahverkehr wurden um 40 Prozent erhöht. Und das griechische Mautsystem ist ohnehin ein Skandal – es wird von privaten Bauherren betrieben, die im Einvernehmen mit dem Staat die Autofahrer schröpfen.

Früher haben die linken Parteien solche Aktionen als »kleinbürgerlichen Anarchismus« abgetan. Heute hingegen gelten sie als Widerstand – vor allem weil die herkömmlichen Protestformen der Linken das große Publikum nicht mehr mobilisieren können.

In den Augen der Regierung ist Syriza für die Kampagne verantwortlich, ein Bündnis radikaler Organisationen, dem neben maoistischen, trotzkistischen und autonomen Gruppierungen auch die linksökologische Partei Synaspismos angehört. Die Dachorganisation – die mit dreizehn Abgeordneten im Parlament vertreten ist – bestreitet zwar, dass Syriza-Leute an den Aktionen beteiligt sind, distanziert sich aber auch nicht von ihnen: Sie seien Ausdruck des spontanen Protests eines großen Teils der Bevölkerung. Syriza versucht, die militanten

Gruppen im Zaum zu halten, gewährt aber ihren Protesten politische Deckung, weil sonst die Einheit des Bündnisses gefährdet wäre. Dabei durchzieht bereits ein tiefer Riss auch diese Allianz.

Noch ist nicht absehbar, wie sich die Krise auf die Linke auswirkt. Sicher aber ist, dass die Kluft zwischen der Bevölkerung und den maßgebenden Parteien größer kaum sein könnte. Laut jüngsten Umfragen sind 71 Prozent der Griechen mit der Politik der Pasok-Regierung unzufrieden. Interessanterweise lehnen aber noch mehr Bürger – nämlich 74 Prozent – die Politik der Nea Dimokratia ab, obwohl die Konservativen derzeit recht populistisch auftreten. Die einzigen Parteien, die gemäß Umfragen momentan zulegen, sind die Kommunistische Partei KKE (die drittgrößte Partei des Landes) und Laos, eine Partei am rechten Rand des politischen Systems. Die »Völkisch-orthodoxe Sammlung« ist zwar nicht euroskeptisch, sie befürwortet ausdrücklich die EU-Mitgliedschaft Griechenlands, aber sie profitiert – wie viele andere rechtsextreme Parteien in Europa – von einer täglich zunehmenden Fremdenfeindlichkeit in der Gesellschaft.

Was die Bürger besonders empört, sind weniger die schmerzhaften Maßnahmen wie Lohnkürzungen und Steuererhöhungen. Es ist die allgemeine Verunsicherung. Die Schuld daran trägt die Regierung. Seit 2009 versucht sie, die Bevölkerung zu beruhigen – mit irreführenden Aussagen. Sie beteuert immer wieder, dass es keine weiteren Kürzungen geben werde, doch kommen wöchentlich neue, härtere Einschnitte dazu. Sie verkündet ständig neue Abgaben und ist zugleich unfähig, die Steuern einzutreiben; sie wettert gegen Steuerhinterziehung und zeigt sich doch machtlos, wenn sie gegen die großen Steuerschwindler vorgehen müsste; sie verspricht radikale Sanierung des Staatsapparats und hat doch nicht den Mut, mächtigen Lobbygruppen Paroli zu bieten.

Das hat zu weiteren Spaltungen geführt, diesmal im Parteiensystem. Die Wahl 2009 hat fünf Parteien ins Parlament gebracht: Pasok, Nea Dimokratia, KKE, Laos und die Linksallianz Syriza. Inzwischen sitzen dort aber zwei weitere Parteien: die liberal-konservative Demokratische Allianz, eine Abspaltung von Nea Dimokratia, angeführt von der früheren Außenministerin Dora Bakojanni. Und die Demokratische Linke, die aus Mitgliedern der ehemaligen eurokommunistischen Partei besteht, die sich von Syriza trennten, weil sie mit dem programmlosen und oft gewalttätigen Kurs des Bündnisses nicht einverstanden sind.

Diese neuen parlamentarischen Verhältnisse werfen zwei Fragen auf. Die erste ist, ob die heutige

Pasok-Regierung noch bis zum Ende der Legislaturperiode 2013 überleben kann. Die Partei verfügt zwar weiterhin über eine solide parlamentarische Mehrheit, ist aber bis in die Regierung hinein tief zerstritten und scheint ihre Dynamik verloren zu haben.

Die zweite Frage ist: Was wird, wenn alle sieben Parteien bei der nächsten Wahl den Sprung ins Parlament schaffen? Dann wäre es höchst unwahrscheinlich, dass eine Partei die absolute Mehrheit erreicht, obwohl das Wahlsystem die stärkste Partei privilegiert. Das würde den Weg für eine Koalitionsregierung öffnen. Viele begrüßen dies, andere aber haben Bedenken. Das politische System Griechenlands hat mit Koalitionen keine Erfahrung – und es fragt sich, ob ausgerechnet die Krise der geeignete Zeitpunkt für ein solches Experiment ist. Die einzige Koalitionsregierung der Nachkriegszeit wurde 1989 gebildet, überlebte knapp vier Monate und hatte für das Land verheerende Folgen.

Diese Spekulationen interessieren jedoch die Mehrheit der Griechen kaum. Ihre größte Sorge gilt der Umschuldung. Wird sie kommen? Und was passiert dann? Wen trifft ein Schuldenschnitt? Oder geht es am Ende doch nur um eine Fristverlängerung zur Tilgung der 350 Milliarden Euro Schulden, die das Land hat?

Die griechische Regierung, EU-Kommissar

Olli Rehn, Währungsfonds-Direktor Dominique Strauss-Kahn sowie Jean-Claude Trichet, Präsident der Europäischen Zentralbank, schließen eine Umschuldung kategorisch aus. Viele angesehene Ökonomen und Finanzblätter wie der *Economist* und die *Financial Times* sind dagegen der Meinung, dass eine Umschuldung unumgänglich sei. Sie haben nun von unerwarteter Seite Rückhalt bekommen. Der ehemalige Ministerpräsident Kostas Simitis hat sich jüngst in einem Interview für eine Umschuldung ausgesprochen, die sofort stattzufinden habe. Er wurde dafür von der Regierung und seiner Partei, der Pasok, heftig kritisiert. Simitis genießt aber immer noch großen Respekt in breiten Teilen der Bevölkerung. Immerhin war er es, der während der Haushaltsdebatte im Jahr 2008 vorausgesagt hatte, dass Griechenland mit der Finanzpolitik der damaligen Regierung von Nea Dimokratia beim IWF landen würde. Seine Meinung wurde damals belächelt, sogar von seiner eigenen Partei.

Griechenland vollzieht einen heiklen Balanceakt zwischen harten Maßnahmen, Arbeitslosigkeit, Rezession und Umschuldung. Es ist zwar keine Tragödie wie Fukushima. Aber leicht ist es trotzdem nicht.

5. Mai 2011

Das Sparbuch für mittellose Griechen

Anfang der fünfziger Jahre hatte Königin Friederike von Griechenland, die Mutter von Königin Sofia von Spanien, »das Sparbuch für mittellose Mädchen« eingeführt. Das Sparbuch war als eine Art Mitgift für die Töchter armer Familien gedacht. Es waren die ersten Jahre nach dem Bürgerkrieg, und das Land war arm und rückständig. Es gab nicht einmal genug Arbeitsplätze für Männer, geschweige denn für Frauen. Junge Mädchen hatten nur die Perspektive auf Heirat und Familie. Sie konnten aber ohne Mitgift nicht heiraten, wenn die jungen Männer nicht genügend Mittel besaßen, um aus eigenen Kräften einen Haushalt zu gründen. Nicht jede Familie bekam das Sparbuch für ihre Tochter. Es gab eine Reihe von Voraussetzungen. Die wichtigste davon war die »nationale Gesinnung« einer Familie.

Sechzig Jahre später leben die Griechen vom »Sparbuch für mittellose Griechen«, das die EU eingeführt hat. Doch auch dieses Sparbuch ist an Bedingungen geknüpft. Die wichtigste ist das

Sparpaket, das Ende Juni vom Parlament in Athen bewilligt wurde und innerhalb von zwei Monaten umgesetzt werden muss. Ob Sparbuch oder Sparpaket, die Griechen müssen wieder das Sparen lernen. Nicht nur die Bürger, sondern vor allem der Staat. In den letzten dreißig Jahren wurde der marode Staatsapparat, der bis heute enorme Ressourcen auffrisst, zunehmend zum Hauptproblem der griechischen Misere, bis er das Land in die totale Lähmung trieb.

Es ist nicht wahr, dass zehn Millionen Griechen korrupt sind, wie viele Ausländer, vor allem Deutsche, behaupten. Wahr ist, dass die zwei Regierungsparteien – Pasok (Mitte-links) und Nea Dimokratia (Mitte-rechts) – in den letzten dreißig Jahren ein riesiges Klientelsystem aufgebaut haben. Dieses System hat nicht nur den Staat zugrunde gerichtet, sondern auch jene Teile der Bevölkerung, die in diesen dreißig Jahren die Triebkraft von Gesellschaft und Wirtschaft waren. Sie haben unter diesem System am stärksten gelitten.

Eurozone und IWF haben das Sparpaket durchgesetzt. Angeblich weil der Staat saniert und reformiert werden muss, um Geld und Ressourcen bereitzustellen, die das Land dringend braucht. Mit dem Sparpaket greift die Regierung wieder zur altbewährten Lösung: Es kommen neue Steuererhöhungen. Sie müssen zum dritten Mal binnen fünfzehn Monaten von jenen Bürgern geschultert werden, die genug Anstand besitzen, überhaupt Steuern zu zahlen. Trotz des enormen Drucks der »Troika«, wie die Griechen die Vertreter von IWF, Europarat und EZB nennen, geht die Regierung bei der Sanierung des Staatsapparats nur in kleinen, zaghaften Schritten voran.

Die neuen Steuern treffen die Arbeitnehmer sowie die kleinen und mittleren Unternehmen am härtesten. Arbeitern und Angestellten wurden bereits vor einem Jahr die Gehälter und die Renten gekürzt, zudem haben sie auch die Erhöhung von Einkommens- und Mehrwertsteuer hinnehmen müssen. Mit dem neuen Sparpaket kommt nun eine zusätzliche Sondersteuer von ein bis drei Prozent auf die Einkünfte und Gewinne hinzu. Jene, die Steuerhinterziehung als eine Art Sport betreiben, haben weiterhin nichts zu befürchten. Auch in den letzten fünfzehn Krisenmonaten erwies sich der Regierungsapparat als unfähig, ein effizientes Steuersystem aufzubauen und der Steuerhinterziehung Einhalt zu gebieten.

Ich wurde in den letzten Wochen von ausländischen Journalisten immer wieder gefragt, was ich von den »Empörten« auf dem Syntagmaplatz halte. Nicht nur diejenigen sind empört, die sich vor dem

Parlament auf dem Syntagmaplatz versammeln und die Parlamentarier beschimpfen und anpöbeln. Die ganze Bevölkerung ist es, und ihre Wut teilt sich in drei Strömungen auf.

Zur ersten Strömung gehören die, deren Privilegien durch die Krise gefährdet sind. Sie haben jahrzehntelang vom Klientelsystem profitiert, nun aber spüren sie den Druck der Troika, Reformen durchzuführen, sind empört und versuchen zu retten, was noch zu retten ist.

Die zweite Strömung besteht aus den Klein- und Mittelunternehmern sowie aus Arbeitnehmern des Privatsektors. Sie sind eher verunsichert und deprimiert als empört. Es fehlt ihnen die Hoffnung, dass das Land noch zu retten wäre. Die Arbeitslosenquote beträgt offiziell 16 Prozent. Fast alle Arbeitslosen stammen aus dem Privatsektor. In einer letzten Umfrage waren 55 Prozent der Befragten für Entlassungen auch in den öffentlichen Betrieben.

Den dritten Teil der Empörten symbolisieren die auf dem Syntagmaplatz. Eine bunte Menge, einige beschimpfen Parlamentarier, andere halten Versammlungen ab, schreiben Resolutionen und träumen von der »direkten Demokratie«. Dort sind aber auch viele, die ihre Empörung einfach durch ihre Präsenz zeigen wollen. Alle demonstrieren aber friedlich und haben es geschafft, sich gegen die

Randalierer, die den Platz zweimal angegriffen haben, durchzusetzen. Und dieses Thema führt uns zur Gewalt, die in den Großstädten mit jedem Tag zunimmt.

Es gibt nicht nur die Randalierer, die jede Demonstration ausnützen, um Krawall zu machen, wie während der parlamentarischen Debatte über das Sparpaket. In den Stadtvierteln um Athens Zentrum geht es brutal zu. Die Stadtteile verwandeln sich jede Nacht in ein Schlachtfeld. Frauen und alte Leute werden auf offener Straße attackiert. Rechtsextremisten gehen auf Migrantenjagd, und Migrantengangs liefern sich untereinander Straßenkämpfe.

Viele alte Leute, die in diesen Vierteln wohnen, sehen die Rechtsextremisten als ihre Beschützer. Zum ersten Mal in der Nachkriegsgeschichte Griechenlands besteht die Gefahr, dass eine rechtsextreme Partei bei Wahlen den Sprung ins Parlament schaffen könnte. Sehr beunruhigend ist auch, dass ein großer Teil der Bevölkerung nicht nur empört ist, sondern auch Gewalt als politisches Mittel billigt. In Umfragen bezeichnen 49 Prozent der Bevölkerung Hetze gegen Politiker allgemein und deren Beschimpfung als legitim.

Auf der anderen Seite sitzen die Europäer mit ihren Aufrufen. Von Olli Rehn, José Manuel Barroso, Christine Lagarde bis zu Angela Merkel, sie alle beschwörten die zwei großen Parteien, Pasok und Nea Dimokratia, gemeinsam für die neuen Sparmaßnahmen zu stimmen. Sie sagen ganz einfach: Wenn es doch die Portugiesen gemacht haben, warum können es die Griechen nicht auch tun?

Sie verkennen dabei völlig die politische Kultur des Landes. Das politische System Griechenlands ist seit dem Bürgerkrieg (1945–1949) auf Konfrontation gebaut. »Konsens« ist in dieser Geschichte ein unbekanntes Wort. Nach dem Bürgerkrieg gab es die Konfrontation zwischen Nationalen und Linken. Danach kam die Konfrontation zwischen dem liberalen Zentrum und dem Königshaus mit seiner Partei, der Nationalradikalen Union.

Auf Obristenputsch (1967) und Militärdiktatur (bis 1974) folgte die ewige Konfrontation von Pasok und Nea Dimokratia. In den letzten zwanzig Jahren hat keine Oppositionspartei die Wahlen gewonnen. Es war immer die Regierungspartei, die die Wahlen verloren hat. Das heißt, dass keine Oppositionspartei ein Programm vorlegen und Prioritäten setzen musste, um die Wahlen zu gewinnen. Es genügte, wenn sie die Regierung während ihrer Regierungszeit systematisch diskreditierte. So hat die Nea Dimokratia im Jahre 2004 die Wahlen gegen die Pasok gewonnen, und so hat es auch die Pasok gemacht, um die Wahl von 2009 zu gewinnen. Diese Politik hat in Griechenland einen Namen. Sie wird »Politik der reifen Frucht« genannt. Ein Konsens würde an ein Wunder grenzen. Aber die Wunder sind uns mit den Olympischen Spielen 2004 ausgegangen.

Jetzt schiebt die EU alle Schuld auf die Griechen. Aber Griechenland ist kein gutes Beispiel, um zu erkennen, wo das System, das seit den neunziger Jahren weltweit aufgebaut wurde, versagt hat. Wir haben fast alles falsch gemacht und müssen jetzt den Preis dafür zahlen. Das gute Beispiel ist Irland. Die Iren haben alles richtig gemacht, liegen aber trotzdem am Boden. Vor noch gar nicht so langer Zeit schwärmten die Europäer vom »irischen Modell« und vom »keltischen Tiger«. Was ist davon geblieben?

Wir haben auf Pump gelebt und gehen daran zugrunde. Die irischen Banken haben auf Pump Gewinne gemacht und gehen daran zugrunde. In beiden Fällen ist der gemeinsame Nenner der Pump. Der Pump ist keine Ausnahme, er ist systemimmanent. Ob Griechenland noch zu retten ist, wissen weder die Europäer noch die Griechen. Eine Regierung, die von inneren Kämpfen erschüttert ist, und nur kleine, mutlose Schritte wagt, ist jedoch keine Hilfe.

Die EU gibt aber ebenfalls ein trostloses Bild ab.

Die Regierungen der EU lassen sich seit Beginn der Krise von ihren Spielchen treiben, die Wählerschaft im Blick. Sie verlieren dabei viel wertvolle Zeit.

Sollten deswegen noch andere EU-Mitgliedsstaaten mit in den Abgrund gerissen werden, dann wird nicht nur Griechenland die ganze Schuld dafür tragen, sondern auch die EU mit ihrer kleinkarierten Politik.

23./24. Juli 2011

Krise ohne Perspektive

Wirklich, ich lebe in finsteren Zeiten!
Das arglose Wort ist töricht. Eine glatte Stirn
Deutet auf Unempfindlichkeit hin.
*   Der Lachende*
Hat die furchtbare Nachricht
Nur noch nicht empfangen.

Diese Verse wurden nicht von einem griechischen Lyriker speziell für die griechische Finanzkrise verfasst. Sie stammen aus dem Gedicht von Bertolt Brecht *An die Nachgeborenen* und wurden kurz vor Beginn des Zweiten Weltkriegs geschrieben. Ich kenne das Gedicht seit vielen Jahren, habe es sogar ins Griechische übersetzt. Als ich es neulich wieder las, fand ich, dass es unsere gegenwärtige Lage auf den Punkt bringt. Denn wir leben auch in finsteren Zeiten, in denen das arglose Wort fast töricht wirkt. Auch bei uns hat der Lachende die furchtbare Nachricht über seine Entlassung, die Kürzung seiner Rente oder seines Gehalts, über neue Steuern und Solidaritätsbeiträge nur noch nicht empfangen. Es gibt allerdings bei uns auch keine lachenden jungen Leute mehr, denn sie haben die furchtbare Nachricht über die Arbeitslosigkeit, die sie erwartet, bereits erhalten. Dann folgen im Gedicht zwei Verse, die für mich sogar noch wichtiger sind:

Was sind das für Zeiten, wo
Ein Gespräch über Bäume fast ein Verbrechen
    ist?

Und ich frage mich als Autor: Ist es ein Verbrechen, in Zeiten der jüngsten Krise, die Griechenland ohne absehbare Aussicht auf eine bessere Zukunft erschüttert, über Bäume zu reden?

Es wäre vielleicht hilfreich, an die Zeit nach dem Bürgerkrieg in Griechenland Ende der vierziger Jahre zurückzudenken, als das Land in Trümmern lag. Auch damals haben die Lyriker und die Schriftsteller nicht über Bäume gesprochen, sondern vom Elend der Menschen. Zwar war Griechenland weiterhin gespalten zwischen Nationalisten und Linken, aber jede Seite sprach vom Leid ihrer eigenen Leute.

In der griechischen Literatur und Lyrik der fünfziger Jahre war es fast ein Verbrechen, über

Bäume zu reden oder Liebesromane zu schreiben. Beides war bei der Kritik verpönt. Es gab damals in den griechischen Großstädten, in Athen und Thessaloniki, eine kleine, aber sehr engagierte Leserschaft, die eifrig alles las, was die Verlage publizierten, vor allem die Lyrik. In der Nachkriegszeit bis in die siebziger Jahre erlebte die Lyrik in Griechenland ihre Blütezeit.

Auch diejenigen, die keine Lyrik lasen, hatten die Möglichkeit, sie sich anzuhören, und zwar nicht vorgetragen, sondern vertont von sehr bekannten Komponisten wie Manos Hadjidakis, Mikis Theodorakis oder Stavros Xarchakos. Die Gedichte der beiden Nobelpreisträger Giorgos Seferis und Odysseas Elytis, die Gedichte von Giannis Ritsos, die Gedichte und Lieder von Nikos Gatsos wurden überall gesungen: in den Städten und in den Dörfern, in Tavernen und bei Demonstrationen. Denn auch das Volkslied erlebte seine Blüte.

Vielleicht, weil die Bäume fehlten. Denn es gab fast keine Bäume mehr nach dem Bürgerkrieg. Die meisten waren während des Krieges niedergebrannt worden, und was übrigblieb, wurde auf dem Land als Brennholz verwendet.

Auch heute werden ganze Wälder bei uns in Brand gesteckt, nicht aber, weil uns das Brennholz fehlte. Sie werden von der Waldmafia verbrannt, und die daraus entstehenden Grundstücke werden illegal an die Neureichen verkauft, damit sie ihre Villen bauen können.

Man könnte die gegenwärtige Lage in Griechenland mit den ersten anderthalb Versen aus Schillers *Don Karlos* beschreiben, gesprochen von Domingo:

Die schönen Tage in Aranjuez
Sind nun zu Ende.

Können Bücher in den Zeiten einer schweren Krise helfen? Kann Literatur in solchen Zeiten helfen? Denn die Krise, die heute das Land ruiniert, ist keine ausschließlich finanzielle, sondern auch eine soziale Krise sowie eine Krise des politischen Systems.

Wenn man auf die Vergangenheit Griechenlands zurückblickt, dann könnte man die Frage ohne weiteres positiv beantworten. Ja, Literatur und Bücher können in Zeiten einer Krise entscheidend helfen, aber nur unter zwei Voraussetzungen.

Die erste Voraussetzung ist, dass die Literaturschaffenden die Krise selbst sowie deren Ausmaß und Folgen begreifen. Das taten die griechischen Dichter und Schriftsteller der fünfziger Jahre. Sie wussten auch, dass – wenn es auch kein Verbrechen wäre, über Bäume zu reden – ihre Leser andere Sorgen und andere Prioritäten hatten. Nur, um ein Beispiel zu nennen: Auch heute ist es schwierig, über Bäume zu reden, wenn die Jugendarbeitslosigkeit in Griechenland auf 43 Prozent gestiegen ist und die Selbstmordrate um 25 Prozent.

Die zweite Voraussetzung ist, dass die Bürger nicht nur den Aussagen und Statements von Politikern und den alltäglichen Berichten der Medien Gehör schenken, sondern auch das Bedürfnis empfinden, in der Literatur Zuflucht zu suchen, schon deswegen, weil die Zuflucht in die Literatur eine Art Befreiung ist, nicht unbedingt von den Sorgen des Alltags, wohl aber von dem Dauerdruck, der in einer Krise auf jedem Einzelnen lastet. Brecht, der in schwierigen Zeiten gelebt hat, auch wenn es nicht immer Zeiten einer schweren finanziellen Krise waren, hat es in seinem Gedicht *Beim Lesen des Horaz* kurz und klar beschrieben:

Selbst die Sintflut
Dauerte nicht ewig.
Einmal verrannen
Die schwarzen Gewässer.
Freilich, wie wenige
Dauerten länger!

Darum geht es. Es geht ums Überleben, es geht darum, länger zu dauern als die Sintflut, beziehungsweise als die Krise. Die Literatur und die Dichtung können das Überleben erleichtern oder mindestens erträglicher machen.

Mein Schweizer Verleger, Daniel Keel, der leider vor zwei Monaten gestorben ist und dem ich viel zu verdanken habe, sagte einmal zu mir: »Finanzielle Krisen sind für den Verleger gesegnete Zeiten. Während einer Krise werden mehr Bücher gelesen und verschenkt, weil das Buch in schwierigen Zeiten ein guter Begleiter ist und ein billiges, aber wertvolles Geschenk.«

Das wurde mir vor einigen Jahren auch von einem Buchhändler in Graz bestätigt. »Der Trend im Buchmarkt verläuft in entgegengesetzter Richtung als im übrigen Markt«, sagte er zu mir. »Wenn der Markt floriert, dann geht es dem Buchmarkt nicht besonders gut. Steckt der Markt in einer Krise, dann geht es aufwärts im Buchmarkt.«

Nun, das stimmt leider in Griechenland nicht. Der Umsatz in der Buchbranche ist seit dem Anfang der Krise um 45 Prozent gefallen. Zwar machen die Verlage mutig weiter und bringen Bücher heraus, aber die Griechen ziehen es vor fernzusehen, statt Bücher zu lesen, weil sie immer noch hoffen, von den Fernsehnachrichten und -programmen mehr über die Krise zu erfahren als von den Büchern.

Trotzdem wäre es ungerecht, alle Schuld auf das Publikum abzuwälzen. Auch die Schriftsteller befassen sich nicht mit der Krise. Sowohl die Bürger als auch die Mehrheit der Autoren verschanzen sich gegen die Krise, indem sie sie einfach nicht wahrnehmen wollen. Es geht letztendlich nicht um die Bäume, sondern um eine kulturelle Umwälzung.

Griechenland war in der Zeit nach dem Bürgerkrieg ein armes Land mit einem hohen literarischen und kulturellen Niveau. Es waren nicht nur die großen Namen der griechischen Nachkriegslyrik, wie Seferis, Elytis oder Ritsos, die ich bereits erwähnt habe.

Es war eine ganze Generation von Lyrikern, die zur »Generation der Niederlage« gehörten – so nennt man in Griechenland die Generation der Linken, die den Bürgerkrieg verloren hatte. Dazu kamen noch Erzähler wie Nikos Kazantzakis, Andreas Frangias, Mimis Karagatsis, Alexandros Kotzias und ein Krimiautor, den ich sehr schätze: Giannis Maris.

Giannis Maris hatte das Unglück, zur falschen Zeit im falschen Land gelebt zu haben. Denn seine Bücher waren Vorläufer des Kriminalromans als

Gesellschaftsroman – in einer Zeit und in einem Land, in dem der Kriminalroman literarisch völlig unterschätzt wurde. Kein anderer griechischer Romanautor hat die Athener Oberschicht der fünfziger und sechziger Jahre, welche aus Kollaborateuren der deutschen Besatzungsmacht und Unternehmern, die sich während des Bürgerkriegs bereichert hatten, bestand, so genau und treffend beschrieben wie Giannis Maris.

Es waren aber nicht nur die Dichter und Erzähler. Theaterleute wie Karolos Koun und sein Athener Kunsttheater, Filmmacher wie mein Freund Theo Angelopoulos und Maler wie Alekos Fassianos und Giannis Tsarouchis gehörten ebenfalls zu dieser künstlerischen Elite.

Griechenland war in jener Zeit ein armes Land, das aber »die Kultur der Armut« sehr gut beherrschte. Es war eine Armut mit hohem literarischem und künstlerischem Niveau.

Es geht nicht darum, einen nostalgischen Blick auf die Vergangenheit zu werfen. Ich versuche vielmehr, einen Vergleich zwischen damals und heute zu ziehen. Man könnte die letzten fünfunddreißig Jahre der griechischen Zeitgeschichte in drei Zeitabschnitte aufteilen.

Der erste ist die Zeit unmittelbar nach dem Ende

der Militärdiktatur, also die Jahre 1975 bis 1980. Es war die Zeit des Aufbruchs und der großen Hoffnungen. Die Monarchie wurde abgeschafft, die Republik proklamiert und in dieser kurzen Zeit eine institutionalisierte Demokratie aufgebaut. Diese Hoffnungen waren gerechtfertigt in einem Land, das fünfzig Jahre lang für die Demokratie gekämpft hatte.

Dann schaffte Griechenland im Jahre 1981 den Beitritt zur EU, die damals noch EWG hieß, und somit begann eine Zeit, die ich als die Zeit der falschen Illusionen bezeichnen würde. Der Kanon ging ungefähr so: Wir gehören zur großen Familie Europa, wir sind reich, wir können uns all das leisten, wovon wir bis vor einigen Jahren nur träumen konnten.

Ich brauche auf die finanziell verheerenden Folgen, die diese falschen Illusionen ausgelöst haben, nicht einzugehen. Sie sind mittlerweile weltweit bekannt. Das Land lebte aber nicht nur über seine Mittel, es wurde auch von seinem historischen Hintergrund abgekoppelt.

Das muss näher erklärt werden. Seit seiner Gründung ruhte das Fundament des neugriechischen Staats auf zwei Säulen. Die eine war Europa, die andere der Balkan. Griechenland war Balkan und Europa zugleich. Die Griechen verstanden sich immer als eine Art Vorreiter oder Pioniere, weil ihre Ahnen die Weichen für die Demokratie in Europa gestellt hatten. Sobald aber eine europäische Großmacht Griechenland unter Druck setzte, verstanden sich die Griechen als ein Balkanland, das von den Europäern unterdrückt oder gar ausgebeutet wurde.

Dieses gespaltene Fundament war für die Dichtung, die Literatur und für die Kunst überhaupt sehr produktiv. Das Land hatte einen Widerspruch als Fundament, und die Kunst lebt bekanntlich von Widersprüchen: Dichter, Erzähler, aber auch Theaterleute und Filmemacher haben immer versucht, eine Brücke zwischen dem Balkan und Europa zu schlagen. Die Filme von Theo Angelopoulos thematisieren oft diese Zeit und ihre Spannungen.

Die Zeit der falschen Illusionen hat diesen produktiven Widerspruch aufgehoben. Wir haben über Nacht nicht nur die »Kultur der Armut« über Bord geworfen, sondern auch ihre Werte zusammen mit unseren Wurzeln und unserer Herkunft, weil wir irrtümlicherweise glaubten, dass diese Werte Teil unserer Armut waren und wir sie nicht mehr brauchten.

Ich möchte nicht missverstanden werden. Ich bin kein Romantiker der Vergangenheit und sehe die Mitgliedschaft Griechenlands in der EU als einen großen Schritt nach vorn. Die falschen Illusionen hatten aber zur Folge, dass wir auch einer notwendigen Auseinandersetzung mit unserer Vergangenheit aus dem Weg gegangen sind. Wenn es einen Ansatz zu einer solchen Auseinandersetzung gibt, so ist er überwiegend in der Literatur und viel weniger in der Politik und der Geschichtsforschung zu finden.

Nun befinden wir uns in der dritten Periode unserer Zeitgeschichte nach der Militärdiktatur, die ich die Zeit der tragischen Ernüchterung nennen würde.

Während ich diese Zeilen schreibe, weiß ich nicht einmal, ob Griechenland noch Teil der Eurozone sein wird, wenn ich diese Rede vor Ihnen halten werde. Es besteht für mich nicht der geringste Zweifel, dass die große Mehrheit der Bürger für die Mitgliedschaft Griechenlands in der EU und für den Euro ist. Das Land befindet sich aber in einer solch desaströsen Lage, dass diese Einsicht allein nicht mehr ausreicht. Wir brauchen dringend eine öffentliche Diskussion in Griechenland, um festzustellen, was wir alles falsch gemacht haben. Die Literaturschaffenden und die Künstler können zu dieser Diskussion entscheidend beitragen.

Der schwerwiegendste Fehler war, dass wir die EU nur als einen Geldtopf begriffen haben. Die gemeinsame Verantwortung und Solidarität haben wir vernachlässigt, ja sogar ignoriert. Wir haben dagegen versucht, alle unsere nationalen Probleme auf die EU zu übertragen. Zuerst die mit der Türkei, dann mit Zypern, dann mit Mazedonien. Wir haben die Solidarität einseitig in Anspruch genommen und wollten nicht einsehen, dass auch andere Länder der EU ihre eigenen Sorgen und Probleme hatten und sich nicht nur mit unseren Problemen befassen konnten. Das erwähne ich als Beweis dafür, dass die Balkanmentalität weiterlebt, wohl aber nicht mehr als produktiver Widerspruch, sondern als Schatten der Vergangenheit.

Zum Dritten haben wir entweder gar nicht oder falsch investiert, nicht nur in der Wirtschaft, sondern auch in der Kultur.

Ich werde Ihnen ein Beispiel dafür geben. Ich war vor einem Monat in Spanien. Spanien erlebt auch eine sehr schwierige Zeit. Ich bin aber für Spanien optimistischer, und zwar aus einem einfachen Grund. Madrid hat um die achtzig Stadtbüchereien. Barcelona hat fünfunddreißig. Sogar Sevilla im armen Andalusien hat eine Stadtbibliothek, auf die ich neidisch war, sobald ich sie betreten hatte.

Nun haben wir zwar in Griechenland, in einer kleinen Stadt wie Veria, eine Modellbücherei, die sogar von der EU preisgekrönt wurde. Aber die

Zahl der Stadtbüchereien in Griechenland ist nicht höher als fünfundzwanzig. Bücher sind jedoch nicht nur Privatbesitz, sie brauchen auch ein öffentliches Zuhause. Das haben wir einfach vernachlässigt, als das Geld da war und wir es investieren konnten. Jetzt, in den Krisenzeiten, wo wir die Dichtung, die Literatur und überhaupt die Bücher brauchen, fehlen uns die Stadtbibliotheken. Wir haben einfach viel Geld verschwendet und wenig erreicht.

Ich bin weit davon entfernt zu glauben, dass die EU alles richtig gemacht hat. Sie hat viele Fehler gemacht und macht sie heute noch, auch in Bezug auf Griechenland und den Süden Europas. Es hat aber keinen Sinn, über die Fehler der anderen zu reden, solange wir mit unseren eigenen nicht klarkommen.

Seit der Gründung des neugriechischen Staats hat Griechenland viele Krisen erlebt. 1893 war der erste Staatsbankrott. 1922 kam die Kleinasien-Krise nach dem Abenteuer Griechenlands in Kleinasien. Es folgten die deutsche Besatzung im Jahr 1940 und anschließend der Bürgerkrieg, um nur einige Beispiele zu nennen.

Aber in all diesen Krisen hatte das Land eine Perspektive, einen Schimmer Hoffnung. Immer sagten die Griechen: »In einigen Jahren wird es uns bessergehen.« Die Krise, die wir jetzt erleben, ist jedoch ohne Perspektive, ohne sichtbare Hoffnung. Die Mutlosigkeit und die Wut im Land nähren sich auch aus dieser hoffnungslosen Realität.

Viele Griechen zitieren heute Heine, ohne zu wissen, dass sie Heine zitieren:

Denke ich an Griechenland in der Nacht,
dann bin ich um den Schlaf gebracht.

Das zeigt doch immerhin, dass die Literatur alle Zeiten überdauert, selbst die finstersten, in denen ein Gespräch über Bäume fast ein Verbrechen ist.

9. November 2011

In Athen gehen die Lichter aus

Parallel zum Parlament mit seinen sieben politischen Parteien existiert bei uns in Griechenland ein weiteres, außerparlamentarisches System mit vier Parteien: Sie sind die vier Teile, in die unsere Gesellschaft nach achtzehn Monaten Wirtschaftskrise zerfallen ist. Die fortschreitende Verschärfung der Krise und der Überlebenskampf im Alltag haben diese Teile einander nicht näher gebracht. Ganz im Gegenteil, sie entfremden sich mehr und mehr. Zwischen diesen Teilen werden Koalitionen gebildet, aber auch Grabenkriege geführt.

Da ist zunächst die »Partei der Profiteure«. Zu ihr gehören alle Unternehmer, die vom Klientelsystem der letzten dreißig Jahre profitiert haben, vorneweg die Baufirmen. Sie haben ihre Blütezeit im Vorfeld der Olympischen Spiele 2004 gehabt, als sie vom Staat mit lukrativen Bauaufträgen zu verschwenderischen Preisen zugeschüttet wurden.

Zur Partei der Profiteure gehören aber auch die Unternehmen, die staatliche Organisationen belie-

fern – zum Beispiel jene, die öffentliche Kranken-
häuser mit pharmazeutischen Produkten und medi-
zinischen Geräten versorgen. In welchem Ausmaß
dabei Geld verschwendet wurde, haben die Griechen erst jetzt begriffen. Der Einkauf von Arzneimitteln und medizinischem Gerät wurde bislang
von den Krankenhäusern selbst vorgenommen.
Jetzt hat das Gesundheitsministerium den Kauf von
Arzneimitteln zentral über das Internet organisiert
und gemäß den bisherigen Ausgaben dafür 9 937 480
Euro zur Verfügung gestellt. Nun stellte sich heraus: Die Medikamente kosteten nur 616 505 Euro,
also bloß 6,2 Prozent der früheren Summe!

Ohne die neuen Sparmaßnahmen wäre alles beim
Alten geblieben. Denn gerade diese Profiteure, die
Bauunternehmer und die Einkäufer in den Kliniken, pflegten eine gut funktionierende Koalition
mit der jeweiligen Regierungspartei und deren Ministern. Alle im Staatsapparat wussten Bescheid
über die Verflechtungen und deren Kosten für die
Allgemeinheit – doch alle schwiegen. Nicht nur, weil
die Parteien gewaltige Spenden einstrichen, sondern
auch, weil die korrupten Branchen den Abgeordneten die Wahlkampagnen finanzierten und ihren
Familien gutbezahlte Arbeitsplätze sicherten.

Man könnte die Partei der Profiteure auch »Partei der Steuerhinterzieher« nennen, denn das sind

sie allesamt auch noch – vor allem die selbständigen Gutverdiener wie Ärzte und Rechtsanwälte. Geht ein Grieche in eine Arztpraxis, sagt der Mediziner zu ihm: »Der Besuch kostet 80 Euro, aber wenn Sie eine Quittung wollen, dann kostet er 110 Euro.« Die meisten Patienten verzichten deshalb auf die Quittung, so sparen sie 30 Euro. Das gute Einvernehmen mit der jeweiligen Regierungspartei hat zur Folge, dass die Behörden das System dulden und schweigend wegschauen.

Die Gruppe der mittellosen Bürger dagegen wächst und wächst. Viele können nicht einmal mehr die Zuzahlung für den Kauf von Medikamenten aufbringen. Was machen sie also? Sie wenden sich an die Hilfsorganisation »Ärzte ohne Grenzen«, weil dort bestimmte Medikamente gratis abgegeben werden. Die zwei Athener Kliniken von »Ärzte ohne Grenzen« sind eigentlich für mittellose Migranten gedacht, die auf Schlauchbooten von Afrika herübergerudert sind. Jetzt bitten immer mehr arme Griechen um Hilfe. Manchmal stehen bis zu tausend Menschen am Tag bei »Ärzte ohne Grenzen« Schlange. Darunter zum Beispiel Diabetiker, die sich ihr Insulin nicht mehr leisten können.

Das Elend der Migranten greift auf die Griechen über. Wenn ich früher morgens meine Balkontür öffnete und auf die Straße hinunterschaute, sah ich bis vor einem halben Jahr Flüchtlinge, die in den Mülleimern stöberten, um etwas Essbares zu finden. In den letzten Wochen sind mehr und mehr Griechen dabei. Sie wollen ihr Elend nicht sichtbar machen, deswegen drehen sie ihre Abfalleimerrunde in den frühen Morgenstunden, wenn nur wenige Menschen auf der Straße sind.

Die Profiteure und Steuerhinterzieher haben solche Sorgen natürlich nicht. Sie spüren die Krise kaum. Noch bevor sie über uns hereinbrach, hatten sie ihre Bankkonten schon ins Ausland verlegt. Die griechischen Banken sind in den letzten achtzehn Monaten um etwa sechs Milliarden Euro ärmer geworden, während die ausländischen Banken – vor allem die schweizerischen – sich die Hände reiben.

Es sind auch die Profiteure, die, im besten Einvernehmen mit den Linken im Parlament, für eine Rückkehr zur Drachme plädieren. Sie spekulieren darauf, dass sich ihr Vermögen dann vervielfachen werde und sie in aller Ruhe beträchtliche Teile des Staatseigentums kaufen können. Der griechische Staat ist nämlich – Euro hin, Drachme her – gezwungen, große Teile seines Eigentums zu privatisieren, es fehlt ihm an Geld.

Die dritte verhängnisvolle Koalition besteht zwischen der jeweiligen griechischen Regierung und den Landwirten, die ebenfalls Mitglieder der Partei der Profiteure sind. Seit dem Beitritt Griechenlands zur Europäischen Wirtschaftsgemeinschaft (EWG) im Jahr 1981 beklagen alle Regierungen das Los der »armen griechischen Bauern«, die ein besseres Leben verdienten. Dieses bessere Leben haben sich die Landwirte durch die Agrarsubventionen der Europäischen Union längst gesichert.

Die Subventionen wurden willkürlich und ungeprüft an die Bauern verteilt, ohne darauf zu achten, ob die angeforderten Zuwendungen überhaupt der tatsächlichen Produktion entsprachen. Die Bauern verscharrten ihre Produkte, gaben falsche Zahlen an – und kassierten. Obendrein gewährte die Griechische Landwirtschaftsbank ihnen auch noch großzügig Kredite, die bis heute nicht zurückgezahlt worden sind. Die Bauernfreunde in den Regierungsparteien haben jedenfalls allen Druck vermieden. Sie brauchten die Stimmen der Landwirte und ihrer Familien. Jetzt ist die Griechische Landwirtschaftsbank pleite, und die Bauern kutschieren mit ihren Cherokee-Jeeps über die Dörfer.

Die zweite der vier Parteien, aus denen Griechenland mittlerweile besteht, könnte man die »Partei der Redlichen« nennen, ich nenne sie lieber »Partei der Märtyrer«. Zu ihr gehören die Besitzer von kleineren und mittleren Unternehmen, deren Arbeitnehmer und die Freiberufler, zum Beispiel

Taxifahrer oder Techniker. Sie widerlegen die in Europa verbreitete Ansicht, die Griechen seien bequem und scheuten die Arbeit. Sie alle arbeiten hart und zahlen regelmäßig ihre Steuern. Die Partei der Märtyrer ist zwar von den vier außerparlamentarischen Gruppierungen die größte, sie ist aber nicht stark genug, um Koalitionen zu schmieden. Deshalb wird sie von allen Seiten ausgebeutet. Die Märtyrer werden von der Krise am härtesten getroffen, daher der Name.

Der schlimmste Schlag für die mittleren und kleineren Unternehmen ist die Rezession. Dem trostlosen Anblick der leerstehenden Geschäfte begegnet man überall in Athen, auch in den eleganten Einkaufsvierteln. Zum Beispiel in der Patissionstraße. Die Patission, wie die Athener sie nennen, ist die älteste der drei langen Straßen im Zentrum Athens und der Boulevard des Mittelstands. Ich kenne die Straße sehr gut, denn ich wohne ganz in der Nähe. Die Patission war immer schwach beleuchtet, aber das machte nichts, denn die Schaufenster leuchteten hell. In diesen Tagen ist die Straße bei Nacht fast stockdunkel, jedes zweite Geschäft hat zugemacht. Und die paar Läden, die überlebt haben, versuchen sich mit Sonderangeboten durchzuschlagen.

In der Aioloustraße im Stadtzentrum, einer traditionellen Einkaufsstraße für Kleinverdiener, sieht es noch jämmerlicher aus. Es gibt zwar noch einige Geschäfte, aber die sind leer, die Kundschaft bleibt weg. So ist die Aioloustraße zu einer Fußgängerzone ohne Fußgänger geworden. »Wie lange kann ich noch durchhalten?«, fragte mich die Inhaberin eines kleinen Geschäfts für Herrenausstattung, in dem ich ein paar Strümpfe kaufte. »Es vergehen Tage, bis sich mal ein Kunde in den Laden verirrt.« Man zögert inzwischen schon, einen Laden zu betreten, denn sobald man drinnen ist, wird man vom Inhaber oder Angestellten mit Hiobsbotschaften überschüttet. Die Herrenausstatterin hat nicht durchgehalten: Als ich am vergangenen Samstag wieder durch die Aioloustraße ging, war auch ihr Geschäft geschlossen.

Eine Freundin meiner Schwester arbeitet in einer kleinen Baufirma, die Wohnhäuser errichtet. Der Inhaber hat das gesamte Personal entlassen, bis auf sie. Wer baut schon Häuser, wenn überall welche zum Verkauf stehen, die auch keiner kauft? Die Freundin meiner Schwester hat seit sieben Monaten kein Gehalt bekommen, trotzdem ist sie glücklich, denn sie hat noch einen Arbeitsplatz.

Das Schlimmste für die Mitglieder der Märtyrer-Partei ist die Mutlosigkeit. Sie haben jede Hoffnung verloren. Für sie birgt die Krise keine Perspektive auf eine bessere Zukunft. Spricht man mit ihnen, beschleicht einen das Gefühl, sie warteten nur noch auf das Ende. Wenn weite Teile eines Volkes keine Zuversicht mehr aufbringen, dann ist das Leben sehr bedrückend. In vielen Wohnblocks, in denen die Kleinverdiener und die Menschen mit mittlerem Einkommen leben, wird nicht mehr geheizt. Den Familien fehlt Geld für das Heizöl, oder sie sparen es lieber.

Ich selber fahre kein Auto, ich habe einen Taxifahrer, der mich zum Flughafen bringt und vom Flughafen abholt. Er heißt Thodoros mit Vornamen, ist unverheiratet und lebt allein. »Was halten Sie von Loukas Papadimos?«, fragte er mich, als er mich vorige Woche vom Flughafen abholte. Ich sagte ihm, dass ich Papadimos für die richtige Wahl als Regierungschef halte, weil er ein kluger und anständiger Mensch ist, der sowohl in Griechenland als auch in der Europäischen Union hohes Ansehen genießt. »Na ja, Fahrgäste wird er mir nicht bringen«, lautete die resignierte Antwort meines Fahrers. »Das wäre auch ein bisschen viel verlangt«, entgegnete ich. »Schauen Sie«, versetzte Thodoros, »ich zahle für dieses Taxi wöchentlich 350 Euro Miete. Ich arbeite sieben Tage in der Woche, und doch reicht es oft nur für die Miete. Manchmal muss ich sogar draufzahlen. Ob jetzt Papadimos Premierminister ist oder ein anderer, mein Geschäft ist sowieso tot.«

Die Griechen fuhren gern mit dem Taxi, weil es so billig ist. Für 3,20 Euro kommt man im Zentrum von Athen fast überallhin. Eine längere Fahrt kostet nicht mehr als sechs Euro. Bis vor einem halben Jahr hätte man in der Mittagszeit vergeblich auf ein freies Taxi gewartet. Heute sieht man überall lange Schlangen von Taxis, die auf Fahrgäste hoffen, nicht nur zu Mittag, sondern auch am Abend und am Wochenende.

Doch es ist noch schlimmer! Die Rezession ist nicht der einzige Kummer der Märtyrer. Ihr Geschäft ist zwar tot, aber sie werden dreimal zur Kasse gebeten. Einmal mit der Einkommensteuer, dann mit einer weiteren Extrasteuer und zuletzt mit einem Solidaritätszuschlag. Nächstes Jahr werden sie den Solidaritätszuschlag sogar zweimal zahlen müssen. Die Mehrwertsteuer wurde im Laufe des vergangenen Jahres schon zweimal erhöht.

Während die Steuerhinterzieher gar keine oder nur sehr wenig von diesen Zusatzsteuern und Solidaritätsbeiträgen zahlen, weil viele gar keine Steuererklärung abgeben oder den größten Teil ihres Einkommens verschwinden lassen, wird den ehrlichen Bürgern die Luft abgeschnürt.

Zu den Märtyrern gehören auch die Arbeitnehmer und die Arbeitslosen des Privatsektors. Es gibt in Griechenland heute nur noch wenige Arbeitnehmer, denen regelmäßig Gehalt oder Lohn bezahlt wird. Die meisten bekommen ihr Geld in kleinen Portionen mit einer Verspätung von mehreren Monaten. Alle leben in großer Not und in noch größerer Sorge, weil sie fürchten, ihr Arbeitgeber könnte über Nacht schließen.

Jetzt, da es kein Wachstum durch Konsum und geliehenes Geld mehr gibt, tauchen viele Kleinunternehmer unter. Sie verschwinden, und zurück bleiben Schulden. Mein Schwager, der Kindermodegeschäfte beliefert, hat mir traurig erzählt, er habe allein in der letzten Woche drei solcher Fälle erlebt. Er ist verzweifelt.

Jetzt sieht man vor den Arbeitsämtern lange Schlangen von Arbeitslosen, die jeden Monat geduldig auf den Zahlungsauftrag warten, mit dem die Bank ihnen das Arbeitslosengeld überweisen soll. Dabei bleibt ungewiss, ob die Zahlung am Anfang des Monats auch eintrifft. Manchmal müssen sie auf ihre 416,50 Euro auch länger warten, die Arbeitslosenzahl nimmt täglich zu, und den Arbeitsämtern geht das Geld aus.

Weil der Staatsapparat und vor allem der Steuerapparat kollabiert sind, kam man im Finanzministerium auf die brillante Idee, die Steuern mit der

Stromrechnung einzukassieren. Wer die Steuern nicht zahlt, dem wird der Strom abgestellt. Ich habe Bilder im griechischen Fernsehen gesehen von alten Leuten, die an den Kassen der Elektrizitätsgesellschaft Schlange standen, um die erste Rate der Steuern zu bezahlen. Mir war zum Heulen. »Die erste Rate beträgt 250 Euro«, sagte ein Mittsechziger in die Kamera. »Ich beziehe 400 Euro Rente. Wie kann ich von den übrigen 150 Euro einen ganzen Monat leben?« Ich musste an die sechziger Jahre zurückdenken, als ich nach Griechenland kam. Damals begegnete ich der kuriosesten Vision, die man sich vorstellen kann: einstöckige Häuser in kleinbürgerlichen Quartieren und Arbeitervierteln, aus deren Betondächern noch die Eisenstangen herausragten. Diese Stangen sahen hässlich aus, aber sie waren eine Verheißung: der Traum vom zweiten Stock. Der Traum von der Wohnung für den Sohn oder für die Tochter im Obergeschoss. Dafür haben diese armen Leute ein Leben lang Geld zurückgelegt, sie haben es sich vom Munde abgespart. Jetzt werden sie alle abkassiert. Ein abgewirtschaftetes politisches System mit einer üblen Vetternwirtschaft hat mit seinem Scheinreichtum auch die Würde der kleinen Leute zerstört.

Eine weitere Partei ist die »Partei des Molochs«. Sie rekrutiert sich aus dem griechischen Staatsapparat und seinen Betrieben. Die Partei zerfällt in zwei Gruppen. Zur ersten Gruppe gehören die Beamten und Funktionäre, die in den öffentlichen Diensten und Staatsbetrieben arbeiten. Die zweite Gruppe sind die Gewerkschafter. Die Partei des Molochs ist der außerparlamentarische Arm der jeweiligen Regierungspartei und der Garant des Klientelsystems. Denn ihre große Mehrheit besteht aus Parteikadern und Parteifunktionären.

Das System hat eine lange Geschichte und führt zurück in die Zeiten nach dem Bürgerkrieg, in die fünfziger Jahre. Damals hatten die Nationalisten, die Sieger des Bürgerkriegs, den gesamten Staatsapparat mit Mitkämpfern und linientreuen Gesinnungsgenossen besetzt. Es war die Belohnung für deren Treue zu den nationalistischen Idealen.

Dann kam 1981 – kurz nach dem Beitritt Griechenlands zur EWG – die erste Regierung der sozialistischen Pasok-Partei an die Macht, und die war es, die die beschriebene Praxis zum Parteiprinzip erhoben hat. Am Anfang hörten die Argumente sich noch halbwegs vernünftig an und hatten in der Bevölkerung breite Zustimmung. Die Pasok argumentierte, nach der langen Herrschaft der rechten Parteien sei der Staatsapparat gegenüber liberalen Kräften feindselig gesinnt und die Pasok könne nicht regieren, ohne die Schlüsselpositionen in der

Verwaltung mit vertrauenswürdigen eigenen Leuten zu besetzen. Nur dass es bei den Schlüsselpositionen nicht geblieben ist. Bald war der gesamte Staatsapparat fest in der Hand von Pasok-Mitgliedern und deren Seilschaften. Fast jedes zweite Mitglied der Partei wurde mit einem Posten im Staatsapparat belohnt.

Alle Regierungen haben seither an diesen Seilschaften geknüpft, bis in die ersten Monate der Krise hinein. Es gab ja genug Geld dank der Subventionen aus der EWG und später von der EU. Wenn das Geld nicht mehr reichte, stopfte man die Löcher mit Krediten. Doch die meisten Parteimitglieder im Staatsapparat arbeiten nie oder tun nur das Allernotwendigste. Eine Freundin, die eine Stelle als Ingenieurin in einer Behörde hat, hat Folgendes erlebt: Vor einem Jahr kam ein neuer Kollege in ihre Abteilung. Schon am ersten Tag sagte er: »Liebe Kolleginnen und Kollegen, es tut mir leid, aber ich habe alles, was ich in der Uni gelernt habe, vergessen.« Danach arbeitete er keinen einzigen Tag, und kein Vorgesetzter ging dagegen vor.

Die Partei des Molochs ist jedoch gespalten. Ein Teil wäre in der Partei der Märtyrer eher zu Hause. Es sind jene Funktionäre, die nicht über die Parteikanäle in den Staatsapparat geschleust wurden, sondern eine Aufnahmeprüfung machen mussten.

Sie sind die einzigen Beamten, die hart arbeiten, manchmal sogar für zwei oder drei andere Kollegen mit, weil ihnen auch die Arbeit der Parteimitglieder aufgebürdet wird. Sie sind Opfer des Systems. Der andere Teil der Moloch-Partei pflegt eine Seilschaft nicht nur mit den Regierungsparteien, sondern auch mit der Partei der Profiteure. Diese große Dreiparteienkoalition regiert und tyrannisiert das Land seit dreißig Jahren.

Die weitverbreitete Pest der Steuerhinterziehung, die den Staatshaushalt ruiniert hat, wäre ohne das Mitwirken der Finanzämter nicht möglich gewesen. Die korrupten Beamten aber werden für ihre Kooperationsbereitschaft von den Steuerhinterziehern großzügig belohnt.

Heute hört man aus der Beamtenschaft lautes Wehgeschrei, denn ihre Gehälter wurden um etwa 30 Prozent gekürzt. Das trifft aber nicht alle gleich. Die Opfer des Systems haben tatsächlich ein Drittel ihres realen Einkommens eingebüßt. Die Koalitionspartner der Profiteure aber beziehen ja nebenher ein schwarzes Einkommen, das sie bis heute nicht deklarieren. Ihre offiziellen Verluste werden durch das schwarze Einkommen ausgeglichen.

Eine Untergruppe in der Partei des Molochs sind die Gewerkschafter. Ich lese oft in deutschen Zeitungen von Generalstreiks und Demonstrationen in Griechenland. Wenn ich auf Lesereise durch Deutschland bin, fragen mich alle: Warum streiken die Griechen so oft?

Der einzige Generalstreik, den Griechenland in den letzten Jahren erlebt hat, fand vor einigen Wochen statt. Das war, als das neue Sparpaket vom Parlament verabschiedet wurde. Bei der anschließenden Demonstration (es gibt in Griechenland keine Streiks ohne Demonstration, auch der allerkleinste Streik kommt nicht ohne Demo aus) versammelten sich auf dem Syntagmaplatz vor dem Parlament rund 140000 Menschen. Es war die größte Demonstration seit Jahren. Sogar die Geschäftsleute machten ihre Läden zu, nicht weil sie Angst hatten vor Krawallen – was häufig vorkommt –, sondern weil auch sie streikten.

Alle früheren Streiks waren keine Generalstreiks, sie wurden von den Gewerkschaften nur als solche proklamiert. Es waren Streiks der privilegierten Arbeitnehmer in den öffentlichen Diensten. Die Arbeitnehmer des Privatsektors gingen zur Arbeit wie jeden Tag.

Die Wahrheit ist, dass die griechischen Gewerkschaften keine Macht über die Arbeitnehmer des Privatsektors besitzen. Dagegen ist ihre Macht im öffentlichen Sektor fast uneingeschränkt. Sie können jederzeit Streiks ausrufen und durchsetzen. Sie mobilisieren durchschnittlich um die zehntausend Demonstranten, alles Beschäftigte aus dem öffentlichen Dienst.

Auch die Macht der Gewerkschaften hat ihre Geschichte. Der Gründer der Pasok und ihr erster Premierminister, Andreas Papandreou, hatte das Land wie ein Monarch geführt. Wie jeder Monarch brauchte aber auch er einen »Adel«, um seine Macht zu stabilisieren. Es gab den Hofadel, das waren die Regierungsmitglieder und die Parteibonzen, die in engem Kontakt mit dem Monarchen standen. Dann kam der Stadtadel. Dazu gehörten die Gewerkschafter und die Parteifunktionäre im Staatsapparat und in den Staatsbetrieben. Der Landadel bestand aus den Funktionären, die die Subventionen aus der Europäischen Union über den Landwirten ausgossen.

Alle demokratischen Institutionen funktionierten irgendwie, aber es genügte ein Wort des Monarchen, und ein Adeliger fiel in Ungnade und verlor seinen Posten. Andersherum verlieh die Gunst des Monarchen dem Parteifunktionär oder Gewerkschafter uneingeschränkte Macht.

Die Koalition mit dem jeweiligen Parteiapparat hat die Macht der Gewerkschaften im öffentlichen Dienst enorm gestärkt. Diese Macht ist mit vielen Privilegien verbunden. Nichts in den Staatsbetrieben läuft ohne die Zustimmung der Gewerkschafter. Die Verwaltungsangestellten der Betriebe trauen sich nicht, den Gewerkschaftern entgegenzutreten. Sie fürchten den Ärger mit den zuständigen Ministern und dem Parteiapparat. Wenn Konflikte zwischen der Gewerkschaft und der Betriebsleitung ausbrechen, schreitet oft ein Minister ein, und die Betriebsleitung zieht den Kürzeren.

Die Streiks in den Behörden und Staatsbetrieben mit Demonstrationen, die mitunter wöchentlich abgehalten werden wie die berühmten Montagsdemonstrationen in Leipzig, sind nur ein letzter, verzweifelter Versuch der Moloch-Partei, ihre Privilegien zu sichern oder wenigstens zu retten, was zu retten ist.

Die Folgen tragen die Menschen der Partei der Märtyrer. Bei Demos wird gerne mal das Zentrum von Athen gesperrt, und die Läden werden aus Angst vor Ausschreitungen geschlossen. Wenn die Fahrer der öffentlichen Verkehrsmittel streiken, was dauernd geschieht, ist das Stadtzentrum wie leergefegt. Die Geschäfte verlieren die wenigen Kunden, die noch etwas kaufen können. Und die Arbeitnehmer müssen, wenn Busse und Bahnen streiken, mit dem Fahrrad oder zu Fuß zur Arbeit gelangen. Das kostet sie oft ein, zwei Stunden. Aber sie können es sich auch nicht leisten, zu Hause zu bleiben, weil sie um ihren Arbeitsplatz fürchten, die Märtyrer.

Wer begriffen hat, dass die einen ihren Vorteil auf Kosten der anderen suchen, sieht auch, wie sehr es in der griechischen Gesellschaft an Solidarität mangelt. Es sind die Schwachen, die den Preis für den Kampf der Gewerkschaften gegen die Regierung und deren Sparmaßnahmen zahlen. Sie werden zu Geiseln der Gewerkschaften.

Die letzte und vierte Partei der griechischen Gesellschaft ist die, um die ich mir am meisten Sorgen mache. Es ist die »Partei der Aussichtslosen«: all die jungen Griechen, die tagelang vor dem Computer sitzen und im Internet verzweifelt nach einem Job suchen – irgendwo auf der Welt.

Sie sind nicht Gastarbeiter wie ihre Großeltern, die in den sechziger Jahren aus Makedonien und Thrakien nach Deutschland zogen, um Arbeit zu suchen. Diese jungen Leute hier haben einen Uni-Abschluss, manche sogar den Doktortitel. Doch sie wandern vom Studium direkt in die Arbeitslosigkeit.

Ich bin in Istanbul geboren und aufgewachsen und lebe seit vielen Jahren in Athen. Bei meiner Tochter ist es umgekehrt – sie ist gebürtige Athenerin und lebt jetzt in Istanbul. Das könnte man Repatriierung der zweiten Generation nennen. Und meine Tochter ist beileibe nicht die Einzige. Ein Strom junger Leute ist im vergangenen Jahr nach Istanbul ausgewandert. Sie wenden sich dort an das Ökumenische Patriarchat der griechisch-orthodoxen Christen und bitten um einen Job und um Unterstützung bei der Wohnungssuche. Unsere alte Feindschaft mit der Türkei wurde durch die Jugendarbeitslosigkeit in Griechenland beigelegt.

Ob Rezession oder Sparpaket, ob Schuldenschnitt oder Reformen, wir werden der Krise bestenfalls zwei, im schlimmeren Falle drei Generationen opfern. Die Jungen sind die großen Verlierer von heute. Und wir werden die großen Verlierer von morgen sein, weil uns in einigen Jahren die aufstrebenden Kräfte fehlen werden.

Die Einzigen, die jetzt zu uns kommen, sind Menschen, denen es noch schlechter geht. Ich kaufe meine Zeitungen täglich am selben Kiosk an der Ecke. Der Kioskbesitzer ist ein Albaner. »Schauen Sie mal«, sagte er, als ich vorgestern meine Zeitungen holte. Er zeigte dabei auf einen Afrikaner, der nicht weit von uns im Müll wühlte. »Die müsste man alle zurückschicken.«

»Haben Sie denn vergessen, dass die Griechen Sie vor zwanzig Jahren selber als Scheißalbaner beschimpft haben?«, fragte ich wütend. »Schon, aber das ist jetzt vorbei. Unsere Kinder gehen in griechische Schulen, sie sprechen fließend Griechisch, man kann sie von griechischen Kindern gar nicht mehr unterscheiden«, sagte er. »Viele von uns sind mittlerweile griechische Staatsbürger. Aber jetzt habe ich ein Problem: Soll ich als Albaner oder als Grieche nach Albanien auswandern?«

»Sie wollen zurückkehren?«

»Na ja, der Kiosk läuft zwar gut, reicht aber für zwei Familien nicht aus. Mein Sohn ist verheiratet und arbeitslos. Seine Frau ist Griechin, und sie will nicht nach Albanien. Also werde ich mit meiner Frau zurückkehren und den Kiosk meinem Sohn überlassen. Kehre ich als Albaner zurück, dann werde ich von meinen Freunden ausgelacht. Ich wollte ja ein besseres Leben in Griechenland und kehre abgebrannt zurück. Für sie werde ich ein Versager sein. Wenn ich aber als Grieche zurückkehre, dann werden sie mich beschimpfen. Sie werden sagen: ›Ihr Griechen habt uns immer missachtet. Wir mussten monatelang auf ein griechisches Visum warten und wurden wie Dreck behandelt. Jetzt sucht ihr auch noch Arbeit im armen Albanien.‹« Mein Kioskbesitzer ist nicht der Einzige, der nach Albanien zurückgehen will. Viele albanische Familien haben Griechenland bereits verlassen.

Zur Schulparade am 28. Oktober erschienen die Schüler eines Athener Gymnasiums mit schwarzen

Tüchern um den Hals. Dazu muss man wissen, dass der 28. Oktober bei uns als Nationalfeiertag begangen wird, weil er an den Einmarsch der Mussolini-Armee in Griechenland im Jahr 1940 erinnert. Damals errangen die Griechen im Krieg gegen die italienischen Faschisten einen großen Sieg.

Als die Aktion mit den schwarzen Halstüchern publik wurde, gab es einen gewaltigen Aufschrei. »Ein Affront gegen den Nationalfeiertag«, schrieben manche Journalisten. Die vermeintlichen Provokateure waren aber bloß Schüler aus Agios Panteleimon, einem der heruntergekommensten Stadtteile Athens. Agios Panteleimon hat eine der höchsten Arbeitslosenquoten in Attika.

Um das Abitur zu schaffen, brauchen alle Schüler in Griechenland eine sogenannte Vorbereitungsschule. Ohne sie hat man später keine Chance auf ein Uni-Studium. Das gilt auch für die jungen Leute am Gymnasium in Agios Panteleimon. Doch viele von ihnen sind Kinder arbeitsloser Eltern, die die Gebühren für die Vorbereitungsschule nicht mehr zahlen können. Damit haben die Kinder keine Chance auf eine Hochschulbildung. »Wir wollten die Schulparade nicht stören. Wir wollten nur unseren Protest gegen die Zukunft, die uns erwartet, zum Ausdruck bringen«, sagte einer der beteiligten Schüler bescheiden.

Es gibt aber auch die Kehrseite der Medaille. Ich saß an einem Abend der vergangenen Woche im Café meines Verlegers, als eine etwa vierzigjährige Frau auf mich zukam und fragte, ob sie sich zu mir setzen dürfe. Sie wollte mit mir über meinen Kriminalroman *Faule Kredite* sprechen, in dem es auch um das unter der Wirtschaftskrise ächzende griechische Volk geht. Zum Schluss sagte die Besucherin zu mir: »Ich bin Gymnasiallehrerin in einer Schule in einem der Nordbezirke von Athen. Jeden Tag muss ich mir Vorwürfe machen, wie schlecht wir diese Kinder erzogen haben.«

»Wie meinen Sie das?«, fragte ich.

»Ich beobachte die Jugendlichen jeden Tag während der Pause. Sie reden nur über Autos, Armani-Jeans und Gucci-T-Shirts. Sie haben keine Ahnung von der Krise und auch nicht von dem, was sie erwartet. Sie kommen von den Eltern verhätschelt in die Schule und werden von uns weiter verwöhnt.«

Zwei Schulen, zwei Menschentypen – das ist Griechenland. Die einen in den armen, die anderen in den wohlhabenden Vierteln. Man sieht, wie verschieden die Jugendlichen schon sind. Eltern aus den reichen Quartieren schenken ihren Kindern ein Auto, wenn die mit Mühe das Abitur geschafft haben. Sie dulden nicht, dass ihre Sprösslinge wie die normalen Studenten mit dem Bus in die Uni fahren.

Eine Journalistin, die vor einem Arbeitsamt Stoff für einen Bericht sammelte, sprach einen jungen Mann an. »Sie dürfen meinen Namen nicht schreiben«, beschwor er sie. »Meine Mutter weiß nicht, dass ich arbeitslos bin und hier stehe.«

Ich selber wartete Anfang dieser Woche an einer Haltestelle auf den Bus. Da zeigte ein fremder alter Herr auf die altbekannte Schlange der Taxis. »Keiner nimmt mehr ein Taxi«, sagte er. »Und den Stau auf den Straßen gibt es auch nicht mehr so oft wie früher. Man fährt einfach weniger Auto, weil das Tanken Geld kostet.«

»Ja, es sind schwierige Zeiten«, antwortete ich.

»Ach was«, versetzte er, »ich bin in den vierziger Jahren aufgewachsen, in der Zeit der großen Armut. Wissen Sie, ich ging barfuß in die Schule, weil ich nur ein Paar Schuhe hatte und sie schonen musste.«

Schon richtig, aber die Generationen nach 1981 sind nicht in der Zeit der echten Armut, sondern in der Zeit des falschen Reichtums aufgewachsen, und sie werden panisch, wenn sie an Verzicht denken. Ihnen ist die Armut so unbekannt wie die Wüste. Die Jungen von heute sind die Kinder einer Generation, die vom sogenannten Polytechnikum-Aufstand geprägt wurde. Damals, im November 1973, traten Studenten in einen Proteststreik gegen die Militärdiktatur, der blutig niedergeschlagen wurde.

Die Generation des Polytechnikums aber hat das Land verwüstet. Sie wollte mit linkem Jargon ein neues Griechenland aufbauen und ist daran gescheitert. Die Anständigen unter ihnen haben sich zurückgezogen und kümmern sich um sich selbst. Die anderen gingen in die Politik, ergatterten einen lukrativen Job als Unternehmer im Klientelsystem oder einen lohnenden Posten im Staatsapparat.

Anfang der achtziger Jahre war dieser linke Jargon entscheidend, wenn man unter dem Banner der Pasok in die Politik einziehen oder sich einen Platz im Staatsapparat sichern wollte. Wer den Jargon nicht draufhatte, war Teil des alten, reaktionären Systems. Inzwischen sind manche dieser Leute stinkreich geworden. Den linken Jargon benutzen sie immer noch. Aber er ist zur Maskerade geworden.

Sie waren die Gewinner von gestern. Ihre Kinder gehören zu den verlorenen Generationen von heute. Und morgen werden die Väter die Wut der Kinder zu spüren bekommen.

1. Dezember 2011

Die Krise hat das letzte Wort

Anthi ist zehn Jahre alt und Niki sieben. Sie sind die Töchter des griechischen EU-Vertreters in Brüssel. Beim Frühstück spricht die Familie Griechisch. In der Schule sprechen die Mädchen Deutsch. Wenn sie von der Schule nach Hause kommen, erwartet sie die französische Studentin, die sie betreut. Mit ihr sprechen sie Französisch. Beim Abendessen schließt sich der Kreis, und sie sprechen wieder Griechisch.

Jedes Mal wenn ich die Familie in Brüssel besuche, frage ich mich, ob dieser dreisprachige Alltag eine EU-Realität ist, ob die Integration so weit fortgeschritten ist, dass die Bürger der verschiedenen Länder miteinander in mehreren Sprachen umgehen können. Diese Mehrsprachigkeit spüre ich auch, wenn ich Lesungen in Deutschland, in Italien oder in Spanien mache. Ich werde immer wieder gebeten, eine Widmung auf Griechisch zu schreiben, weil viele Leserinnen und Leser Griechisch lernen. Das zeigt, die Europäer lernen mittlerweile neben

Englisch, Deutsch oder Französisch auch andere europäische Sprachen.

Wer aber daraus die Konsequenz ziehen wollte, die Kommission in Brüssel sei eine Art europäisches Modell in Kleinformat, der täuscht sich gewaltig. Immer wenn ich in Brüssel bin, muss ich an meinen Vater denken, der mich in eine österreichische Schule in Istanbul schickte, weil er, in den Zeiten des deutschen Wirtschaftswunders, fest davon überzeugt war, dass Deutsch sich als internationale Unternehmersprache etablieren würde. Es wird nicht einmal in der Kommission Deutsch gesprochen, obwohl Deutschland den größten finanziellen Beitrag in die EU leistet. Zwar sind die Sprachen aller Mitgliedsländer gleichrangig in der EU, gesprochen wird aber überwiegend Englisch wie überall sonst in der Welt. Das Land, das der EU gelegentlich größte Sorgen bereitet, verleiht ihr seine Sprache. Die EU-Funktionäre, die seit Jahren in Brüssel leben, sprechen auch ein zum Teil gebrochenes Französisch.

Die sprachliche Vielfalt in der Familie des griechischen EU-Vertreters ist eine Ausnahme. Es ist gut möglich, dass auch die Kinder von anderen ausländischen Familien mehrsprachig aufwachsen. Belgien selbst liefert aber das beste Beispiel, dass sprachliche Vielfalt nicht unbedingt Offenheit und Integration bedeutet. Flamen und Wallonen leben distanziert und haben keine besonderen Sympathien füreinander. Sie streiten über jeden Quadratzentimeter sprachlichen Raums.

Brüssel ist der Sitz einer Weltorganisation, der Nato, und zweier europäischer Institutionen, der Europäischen Kommission und des Europäischen Parlaments. Die Stadt hat diese besondere Stellung durch ihre Unauffälligkeit erworben. Anstatt eine Konkurrenz zwischen London und Paris auszufechten, waren die politischen Führer der fünfziger und sechziger Jahre klug genug, das unauffällige Brüssel zu wählen. Diese Unauffälligkeit ist den Belgiern immer zugutegekommen. Als ich einen belgischen Abgeordneten der Grünen fragte, wieso ein dem europäischen Publikum unbekannter Politiker wie Herman Van Rompuy zum Präsidenten des Europäischen Rats gewählt worden ist, antwortete er ohne Zögern: »Er ist nett, gutmütig, meidet Kontroversen und ist vor allem unauffällig.«

Fast hätte ich auf Griechisch den Zusatz »der Arme!« hinzugefügt. Wenn die Griechen über jemanden ein gutes Wort sagen, dann ergänzen sie ihr Lob oft mit dem Wort »der Arme!«. Zum Beispiel: »Er ist ein sehr aufrichtiger Mensch, der Arme«, oder: »Er ist so sympathisch, der Arme!« Unsere Kinderfrau, die meine Leser aus dem Roman *Die Kinderfrau* kennen, ging sogar so weit, dass sie ein-

mal sagte: »Er hat im Lotto gewonnen, der Arme!«
Trotz des fiktiven Reichtums, der sie ruiniert hat,
sind für die Griechen alle Tugenden nach wie vor
mit der Armut verbunden.

Die Unauffälligkeit hat den Vorteil, Spannungen
zu verdecken. Die Spannung zwischen Wallonen
und Flamen ist nicht die einzige in Europa. Spannung existiert auch zwischen dem Baskenland und
Kastilien in Spanien, zwischen dem Süden und dem
Norden in Italien. Von alledem merkt man in Brüssel auf den ersten Blick gar nichts.

Während meiner Jugendzeit war Istanbul eine
Stadt mit vier Sprachen. Es wurde Türkisch, Griechisch, Armenisch und die Sprache der sephardi-
schen Juden gesprochen. Von Integration war trotzdem nichts zu spüren. Die vier Ethnien lebten in
Parallelgesellschaften. Brüssel ist auch eine Stadt
mit Parallelgesellschaften. Die Ausländer, die in den
drei Organisationen arbeiten, haben wenig Kontakt
zu den Belgiern.

Die Abgeordneten des EU-Parlaments haben
zwar ziemlich engen Kontakt zur Europäischen
Kommission, dieser ist aber, außerhalb von offizi-
ellen Anlässen, auf die nationale Ebene beschränkt.
Die Deutschen verkehren mit den Deutschen, die
Griechen mit den Griechen, die Italiener mit den
Italienern und so weiter.

Die Politiker und Bürger der europäischen Länder, in denen Migranten leben, sind oft empört, weil die Migranten in Parallelgesellschaften leben und sich nicht integrieren wollen. Dabei leben die Vertreter dieser Länder in Brüssel auch in Parallelgesellschaften. Das Europäische Parlament kommt der Integration am nächsten. Es wird dort offen diskutiert, und die Parlamentarier sind zugänglich, mit wenigen oder gar keinen Vorurteilen. Man bekommt von den meisten Abgeordneten ein objektiveres Bild über Europa als von den Funktionären der Kommission. Vielleicht, weil die Parlamentarier weniger ins politische Tagesgeschäft der EU verwickelt sind als die Funktionäre. Vielleicht auch, weil sie nicht in allen Fragen dieselbe Meinung wie die Kommission vertreten und mitunter die Kommission offen kritisieren.

Es gibt nicht nur zwischen Wallonen und Flamen ein kühles Verhältnis. Das Verhältnis zwischen dem Süden Europas und den mittel- und nordeuropäischen Ländern hat sich seit dem Beginn der Krise zunehmend verschlechtert. Das spiegelt sich auch auf der Ebene der Funktionäre aus den verschiedenen Mitgliedsländern. Die Griechen fühlen sich von den anderen Mittel- und Nordeuropäern, ob zu Recht oder zu Unrecht, oft gedemütigt. Sie haben zunehmend das Gefühl, dass sie mehr toleriert als akzeptiert werden. Die Deutschen wiederum leiden an einer Art »griechischer Erschöpfung«. Die Griechen sind ihnen eine Last, und sie glauben, dass sie mit ihnen nie fertig werden. Sogar Funktionäre aus dem Süden versuchen sich von den Griechen abzugrenzen. Die Italiener und die Spanier wollen nicht, dass man sie mit den Griechen gleichsetzt. Das wird von den Politikern der südeuropäischen Staaten bei jedem Anlass betont, und es wird auch von den Funktionären dieser Staaten in der EU übernommen.

Man könnte diese Haltung mit fehlender Solidarität erklären. Die Solidarität existiert zwar auf finanzieller Ebene. Nicht nur Griechenland bekommt großzügige Unterstützung von der EU. Sie fehlt aber auf menschlicher Ebene. Doch die fehlende Solidarität wäre eine zu einfache Erklärung. Was in der europäischen Einigung vernachlässigt wurde, waren die Werte. Die Herausforderung für die Gründerväter der europäischen Einigung war, aus einem Kontinent mit unterschiedlicher nationaler Geschichte, unterschiedlicher Kultur und unterschiedlichen Traditionen eine Gemeinschaft zu gründen, die auf gemeinsamen Werten beruhte. Die ursprüngliche Gemeinschaft, die EWG, war nicht nur eine Europäische Wirtschaftsgemeinschaft, sondern auch eine Wertegemeinschaft. Die gemeinsamen europäischen Werte waren das Bindeglied, der gemeinsame Nenner, für die Einigung der Staaten unter einem Dach. Diversität mit gemeinsamen Werten war das Ziel.

Wir haben mit der Einführung des Euro diese Werte vernachlässigt und Europa mit dem Euro identifiziert. Und jetzt, mit der Rettungsaktion für den Euro, werfen wir die gemeinsamen Werte, die Diversität der europäischen Geschichte, die verschiedenen Kulturen und Traditionen als Ballast über Bord. Europa hat viel in die Wirtschaft investiert, aber zu wenig in die Kultur und die gemeinsamen Werte. Das Schengen-Abkommen hat zwar die Grenzen zwischen den Staaten aufgehoben, aber was kennt die große Mehrheit der Europäer schon von Italien, außer der Toskana, von Spanien, außer Mallorca, oder von Griechenland, außer Kreta und den Kykladen?

Jetzt, in den Zeiten der Krise, merkt man, wie sehr das Verständnis für die kulturelle Diversität fehlt. Die Griechen hatten in den Zeiten des europäischen Wachstums ein enges Verhältnis zu den Deutschen. Jetzt sind sie empört, weil die Deutschen sie mit Arroganz behandeln. Und die Deutschen sind ihrerseits gekränkt, weil ihre griechischen Freunde sie in der letzten Zeit so kühl grüßen und auf Distanz gehen. Weil ich seit langen Jahren als eine Art Vermittler zwischen Deutschen und Griechen gelte, bekomme ich das Klagelied von beiden Seiten zu hören. Sowohl die Deutschen als auch die Griechen haben recht, nur kann man es ihnen schwer erklären, weil auf beiden Seiten das Verständnis für die kulturelle Basis des anderen fehlt. Das lässt den Raum für Vorurteile und Ressentiments offen. Man irrt sich, wenn man glaubt, dass die Krise in Europa nur eine finanzielle ist. Wir erleben auch eine Krise der europäischen Werte. Die finanzielle Krise hat dazu beigetragen, dass wir sie wahrnehmen können.

In den offiziellen Kontakten in Brüssel wird das verschwiegen oder hinter den guten Umgangsformen versteckt, aber in privaten Gesprächen tritt es offen hervor. Statt wegen der Krise zusammenzurücken, entfernen sich die verschiedenen Kulturen voneinander. Brüssel ist der Ort, wo man dieses Versagen aus der Nähe betrachten kann. Worüber redet man in Brüssel? Über die Krise natürlich. In der Kommission und im Parlament, in den Cafés und Restaurants, überall hat die Krise das letzte Wort, wobei die Stimmung immer wechselt.

Es gibt ja auch fast jeden zweiten Tag eine neue Meinung oder ein neues Statement, von Olli Rehn oder von Mario Draghi oder irgendeinem anderen hohen europäischen Funktionär, wobei die Parole, zumindest nach außen hin, lautet: »Wir schaffen es schon.« Diese Zuversicht wirkt gespielt. Denn es passiert fast immer etwas, und die gute Stimmung kippt. Zuletzt war es die Herabstufung der Bonität Frankreichs und anderer EU-Staaten. Nach jeder schlechten Nachricht machen sich die Politiker und die Kommission daran, neue Pläne zu schmieden oder die alten zu revidieren. Dazu passt die erste Strophe eines Lieds aus Brechts *Dreigroschenoper:* »Ja, mach doch einen Plan / Sei nur ein großes Licht / Dann mach noch einen zweiten Plan / Geh'n tun sie beide nicht.«

Brüssel ist nicht so wichtig wie Berlin, Paris oder London. Nicht, weil es keine europäische Großstadt wäre, sondern vor allem, weil die deutschen, französischen und englischen Politiker ihre Metropolen wichtiger nehmen als Brüssel. Brüssel ist aber unser Spiegelbild. Wir sollten es genauer betrachten. Aber ohne Schminke, bitte.

26. Januar 2012

Nur eine Finanzkrise?

Meine sehr verehrten Damen und Herren,

Ist die griechische Krise nur eine finanzielle Krise? Oder hat die Krise auch andere Aspekte, die genauso wichtig, vielleicht sogar wichtiger sind als die Finanzkrise selbst?

Ich habe seit Anfang 2010, als die Krise ausgebrochen war, immer den Standpunkt vertreten, dass die griechische Krise primär eine politische Krise ist. Die Finanzkrise, die heute das Land an den Abgrund geführt hat, ist vor allem durch die Fehler und das Versagen der politischen Führung des Landes zustande gekommen. Der marode Staatsapparat, der sich als unfähig erweist, kritische Reformen und Gesetze überhaupt oder rasch umzusetzen, ist auch ein Produkt der politischen Elite Griechenlands.

Nach und nach kommen auch unsere Verbündeten in der Eurozone zur Einsicht, dass das Problem des Landes nicht nur ein finanzielles ist, sondern auch ein Problem der politischen Kultur. Was sie schwer verstehen können, ist, dass das Versagen der politischen Klasse und des Staatsapparats keine Folge der Misswirtschaft der letzten Jahre ist, sondern dass es alte und tiefe Wurzeln hat.

Man könnte zwar diese Malaise bis zur Gründung des neugriechischen Staats im Jahr 1829 zurückverfolgen, als der erste Gouverneur Griechenlands, Graf Kapodistrias, ermordet wurde. Ich will aber Ihre Geduld nicht so stark in Anspruch nehmen. Es reicht aus, wenn ich von den ersten Nachkriegsjahren ausgehe.

Griechenland hatte am Ende des Zweiten Weltkriegs, wie alle Länder Europas, die große Chance eines Neuanfangs und des Aufbaus eines modernen Staats. Diese Chance hat es durch den Bürgerkrieg vertan, der das Land von 1946 bis 1949 verwüstet hat. Nach dem Bürgerkrieg war Griechenland nicht nur ein ausgeblutetes, sondern auch und vor allem ein entzweites Land, mit Bürgern, die zutiefst verfeindet waren. Auf der einen Seite waren die griechische Armee und die Nationalisten, die Sieger des Bürgerkriegs. Auf der anderen die Besiegten, die Demokratische Armee und die Linke.

Die beiden verfeindeten Teile des Landes zehrten von demselben Mythos: der Herrschaft der sogenannten »fremden Mächte«. Wobei mit »fremden Mächten« an erster Stelle die USA und an zweiter England gemeint waren.

Die Nationalisten schwärmten von unseren amerikanischen Freunden und von der Nato. Die Linke schob die ganze Schuld für die Misere des Landes den Amerikanern in die Schuhe. Einzig und allein die USA und ihre Verbündeten im Land, also die nationalistischen Regierungen, wären daran schuld, dass Griechenland ein rückständiges Land geblieben sei. Dieser Kanon wurde nach der Militärdiktatur auch von Teilen der bürgerlichen Parteien übernommen, allen voran von der Pasok-Partei, die den Antiamerikanismus konsequent gepflegt hat.

Diese Ansicht lässt sich an zwei Beispielen widerlegen: der Bundesrepublik Deutschland und Japan. Die Bundesrepublik war nach dem Krieg ein von den Alliierten besetztes Land. Japan war unter amerikanischer Besatzung. Es stimmt zwar, dass die USA ihren Verbündeten in den Zeiten des Kalten Kriegs eine gemeinsame Außen- und Verteidigungspolitik vorgeschrieben haben. Das hat aber die beiden Länder nicht daran gehindert, einen modernen Staat aufzubauen. Denn die Amerikaner haben diesen Staaten nicht nur eine Politik vorgeschrieben, sondern sie auch finanziell großzügig unterstützt.

Griechenland war auf der Seite der Alliierten und gehörte also zu den Siegern des Zweiten Weltkriegs und hat von den USA viel Geld bekommen.

Schuld an der Misere des Landes waren weder die Amerikaner noch die Engländer, sondern der Bürgerkrieg. Beide Seiten, sowohl die Linke unter der Führung der KP als auch die Nationalisten, haben fatale Fehler gemacht, die für das Land verheerende Folgen hatten.

Die KP trägt allein die Schuld für den Bürgerkrieg, der das Land, das durch die deutsche Besatzung bereits ausgeblutet war, völlig verwüstet hat. Nach dem Bürgerkrieg geht aber die Schuld zu Lasten der Sieger, also der nationalen Regierungen. Sie haben keine Versöhnung angestrebt, sondern die Spaltung weiter vertieft. Die Linken wurden unnachgiebig verfolgt, während der regimefreundliche Teil der Bevölkerung und diejenigen, die auf Seiten der Nationalisten gekämpft hatten, mit kleinen und großen Privilegien belohnt wurden.

Sammelbecken der Privilegierten waren der Staat und die öffentlichen Dienste. Jedem Sprössling einer »nationalgesinnten« Familie war ein Platz im öffentlichen Dienst sicher, während den Regimegegnern der Staatsapparat verschlossen blieb. Sie hatten nicht einmal die Chance, in der Müllabfuhr einen Platz zu bekommen. Der Staatsapparat und die öffentlichen Dienste wurden zu einer Art Treibhaus der nationalen Parteien.

Das Rückgrat dieses Systems war, besonders in

der Provinz, der Parteibonze, der dieselbe Macht und dieselben Befugnisse hatte wie der Parteisekretär in einer Provinz des Sowjetsystems. Der Parteibonze konnte nach Belieben Privilegien zuteilen, also auch Stellen im Staatsapparat. Genauso konnte er die Existenz derjenigen zerstören, die er als regimefeindlich einstufte, wobei als regimefeindlich nicht nur die Linken galten, sondern auch jener große Teil der Bevölkerung, der während des Bürgerkriegs eine neutrale Position bezogen hatte.

So kam in Griechenland ein System zustande, das mit dem sowjetischen System viele Gemeinsamkeiten hatte. Der Staat, der nach dem Bürgerkrieg aufgebaut wurde, war ein Oxymoron. Die KP, die von einem Sowjetstaat träumte, hatte zwar den Bürgerkrieg verloren, doch die nationalistischen Kräfte, die für Demokratie, für die Einbindung Griechenlands in die westliche Allianz und für die Marktwirtschaft gekämpft hatten, bauten ein staatlich gelenktes System auf, das dem von der KP angestrebten System sehr ähnlich war.

Wenn heute viele, innerhalb und außerhalb Griechenlands, zu Recht behaupten, dass Griechenland das einzige Überbleibsel des real existierenden Sozialismus in Europa sei, dann sind die Ursprünge dieses Systems in der Zeit nach dem Bürgerkrieg zu suchen.

Das waren die ersten fünfundzwanzig schicksalhaften Jahre der Nachkriegszeit in Griechenland: von 1950 bis 1974, also bis zum Ende der Militärdiktatur.

Ich werde auf die weitere Entwicklung Griechenlands in den ersten sechs Jahren nach der Militärdiktatur später zu sprechen kommen. Es ist für mich wichtiger, die Jahre nach 1981 zu klären, also die Jahre nach der Übernahme der Regierung durch die Pasok-Partei.

Andreas Papandreou, der Gründer von Pasok, der das Land von 1981 bis 1989 und dann wieder von 1993 bis 1996 regiert hat, genoss in der EWG und später in der EU keine besonderen Sympathien. Gerade deswegen ist es wichtig, gewisse Missverständnisse in Bezug auf Andreas Papandreou zu klären.

Pasok und Andreas Papandreou persönlich wurden von ihren Gegnern der Mitte-rechts-Parteien beschuldigt, den Staatsapparat mit »grünen Wächtern« vollgestopft zu haben. Damit sind die Pasok-Mitglieder gemeint, »grün« wegen des grünen Emblems der Partei.

Wenn auch dieser Vorwurf nicht völlig ungerecht ist, so ist er doch nur die halbe Wahrheit. Pasok wurde erst nach der Militärdiktatur gegründet. Sie war und ist bis heute die erste Partei links vom Zentrum, die in der Geschichte des Landes eine Machtposition errungen hat. Es war also einleuchtend, dass sie mit dem Staatsapparat, den ich gerade beschrieben habe, nicht regieren wollte und auch nicht regieren konnte. Andreas Papandreou war gezwungen, seine eigenen Leute in Schlüsselpositionen zu setzen, weil er Angst hatte, dass sonst seine Politik von einem »nationalgesinnten« Staatsapparat griechischer Prägung unterminiert worden wäre.

Dazu kommt noch, dass Papandreou in der Zentrumsregierung von 1963 Finanzminister gewesen war und alle Intrigen sowohl der königlichen Familie als auch des Staatsapparats miterlebt hatte, die diese Regierung schließlich zu Fall brachten.

Andreas Papandreou wurde von seinen Rivalen weiterhin beschuldigt, in Griechenland keine sozialistische oder sozialdemokratische Partei westlicher Prägung gegründet zu haben, sondern eine baathistische Partei.

Das trifft zwar zu, aber nur für die Zeit von 1975 bis 1981, als Pasok in der Opposition war. Pasok hatte tatsächlich enge Kontakte zu den Baath-Parteien in Syrien und im Irak sowie zur palästinensischen Verwaltung unter Jassir Arafat. Als jedoch Pasok an die Macht kam, hat die Partei keines ihrer beiden Wahlversprechen eingehalten: Griechenland hat weder die EWG verlassen, noch ist das Land aus der Nato ausgeschieden, wie Papandreou während seiner Jahre in der Opposition ununterbrochen proklamiert hatte.

Nicht die Partei war baathistisch, sondern Andreas Papandreous persönlicher Führungsstil. Er hat das Land wie ein Regent regiert. Er wollte einerseits, dass die Bürger zufrieden waren und ihn ohne Wenn und Aber akzeptierten. Andererseits wollte er aber auch eine uneingeschränkte Macht ausüben. Eigentlich gefällt mir der Begriff des »Monarchen« besser. Er mag in Ihren Ohren hart oder abwegig klingen. Ich werde aber in der Folge erklären, warum dieser Begriff keine persönliche Anschuldigung ist, sondern dass er eine systemimmanente Funktion zum Ausdruck bringt.

Zwei Entscheidungen der Amtszeit von Andreas Papandreou sind aufschlussreich für seinen Regierungsstil. Kaum hatte Pasok die Regierung übernommen, als er sämtliche Renten um rund 50 Prozent erhöhte. Die Bürger haben damals begeistert applaudiert. Was sie nicht wussten oder nicht wahrnehmen wollten, war, dass diese Rentenerhöhung durch Kredite finanziert wurde. Das war der Anfang des heutigen Desasters. Seitdem wurde die Erhöhung von Renten und Staatsgehältern durch Kredite finanziert. Eine Relation zwischen Staatseinnahmen auf der einen und Renten und Gehältern im Staatsapparat auf der anderen Seite gibt es bis heute nicht.

Die zweite Entscheidung war die Verfassungsänderung von 1986. Die Verfassung, die 1975 per Referendum angenommen worden war, gewährte dem Staatspräsidenten begrenzte Eingriffsmöglichkeiten, die eigentlich mehr der Kontrolle dienten, und setzte dadurch der Macht des Parlaments und des Premierministers gewisse Grenzen. Zweck der Verfassungsänderung von 1986 war einzig und allein, diese Eingriffsmöglichkeiten des Staatspräsidenten abzuschaffen.

Wenn man noch das griechische Wahlsystem dazunimmt, das damals wie heute die absoluten Mehrheiten begünstigt und die Bildung von Koalitionsregierungen fast bis zur Unmöglichkeit erschwert, dann kann man sich vorstellen, dass Andreas Papandreou seinen Willen uneingeschränkt durchsetzen konnte.

Das war jedoch das kleinere Übel. Das große Übel war, dass der Beitritt Griechenlands zur damaligen EWG zu einem Zeitpunkt erfolgte, als das Land von der Pasok unter Andreas Papandreou regiert wurde.

Papandreou misstraute dem griechischen Bürgertum. Ganz unrecht hatte er nicht. Denn ein großer Teil dieses Bürgertums hatte sich durch die Kollaboration mit der Nazi-Besatzungsmacht und durch den Schwarzhandel während der Besatzungszeit enorm bereichert. Auch während des Bürgerkriegs und unmittelbar danach genoss dieses Bürgertum große Privilegien.

Anstatt das traditionelle Bürgertum auf die richtige Fahrspur zu bringen und ihm Grenzen zu setzen, fand es die Pasok-Regierung leichter und auch parteipolitisch günstiger, eine Klasse von Neureichen zu schaffen, an die sie die Subventionen der EWG großzügig verteilte. Diese Neureichen sollten nicht nur mit dem traditionellen Bürgertum konkurrieren können, sondern auch und vor allem von der Regierung und der Pasok-Partei völlig abhängig sein.

Seit seinem Beitritt in die EWG ist so viel Geld nach Griechenland geflossen wie nie zuvor. Es waren Summen, von denen der griechische Staat seit seiner Gründung nicht einmal zu träumen gewagt hätte.

Dieses Geld brauchte Griechenland, damit die kleine Wirtschaft eines armen Landes, die zum größten Teil aus kleinen und mittleren Unternehmen bestand, im Rahmen einer großen Wirtschaftsgemeinschaft überleben konnte. Dazu war nicht nur Geld notwendig, sondern auch Reformen und strukturelle Änderungen, die schon damals und nicht erst heute fällig waren.

Die Regierungen von Andreas Papandreou verpassten die Chance, die nötigen Reformen und den Strukturwandel, den das Land so dringend brauchte, durchzuführen, und wählten den einfachen und parteipolitisch profitablen Weg, das Geld an »ihre Leute« zu verteilen. Hatten nach dem Bürgerkrieg die Regierungen Geld und Privilegien an ihre Verbündeten verteilt, so verteilte die Pasok die Subventionen nun ebenso an ihre eigenen Leute.

Das Talent von Andreas Papandreou wäre eine Studie wert. Er hat das System des »Sozialismus der Rechten«, das er geerbt hatte, in eine neue Verpackung eingewickelt und als »Sozialstaat«, ja sogar als »Sozialismus« an seine Wählerschaft verkauft. Er verfügte schließlich über unvergleichlich größere finanzielle Mittel.

Die Pasok-Regierungen haben die Gehälter im Staatsapparat und in den öffentlichen Diensten in die Höhe getrieben und sie teils durch die EU-Subventionen, teils durch Kredite finanziert. Sie haben die Agrarsubventionen an die Landwirte mit dem Maß der Parteitreue verteilt. Die Partei hat dadurch eine Wählerklientel geschaffen, die ihr achtzehn Jahre lang die Macht gesichert hat, wenn man die Jahre der Simitis-Regierungen dazuzählt.

Die Politik und die Mentalität der politischen Klasse blieben unverändert, es änderten sich nur die Empfänger der Privilegien.

Dann kamen, nach dem Beitritt in die Eurozone, noch die billigen Eurokredite dazu, und das Land versank in einem Hedonismus des Konsums. Wenn heute in jedem Zeitungs- und Medienbericht und in den Reden vieler Politiker, allen voran des Vorsitzenden der Partei Nea Dimokratia Antonis Samaras, von Wachstum die Rede ist, dann frage ich mich: Was genau verstehen sie unter Wachstum? Denn das Wachstum durch Konsum hat uns doch, unter anderem, in die Pleite geführt. Wenn aber damit ein Wachstum gemeint ist, das durch die Erhöhung der Produktivität und der Konkurrenzfähigkeit der griechischen Wirtschaft erreicht werden soll, dann braucht es dafür Zeit, Reformen, harte Arbeit und Opfer. Es braucht aber vor allem einen Mentalitätswandel der politischen Klasse und der griechischen Unternehmer, des traditionellen Bürgertums sowie der Neureichen aus der Pasok-Regierungszeit.

Es bleiben für mich trotz alledem zwei Fragen offen:

Die erste betrifft die EU. Was ich Ihnen hier vorgetragen habe, war den europäischen Institutionen und der Kommission längst bekannt. Sie haben es geduldet und weggeschaut. Sie wussten spätestens im Juni 2009, dass die Lage in Griechenland außer Kontrolle geraten war. Eine griechische Zeitung hat einen Bericht vom damaligen Finanzkommissar Joaquín Almunia veröffentlicht, datiert vom Juni 2009, der die Situation in Griechenland als äußerst kritisch schildert. Hätten die Kommission und der Europäische Rat früher eingegriffen, so wäre die Lage heute weder für Griechenland noch für die EU derart verfahren.

Die zweite Frage betrifft Griechenland und seine Werte. Das muss genauer erklärt werden.

Ich war im Griechenland der sechziger Jahre Zeuge des hässlichsten Lebenstraums. Symbol dieses Lebenstraums waren die Armierungseisen, die in den armen Vierteln von Athen und Thessaloniki aus den Dächern der Häuser emporragten. Diese Armierungseisen waren der Traum des zweiten Stocks für den Sohn oder für die Tochter der Familie, und die Griechen haben damals ein ganzes Leben dafür gespart, vom Essen, von der Kleidung. Die Griechen der sechziger Jahre waren ein dezentes, sparsames und hart arbeitendes Volk.

Zur gleichen Zeit florierten in Griechenland die Literatur, die Kunst, die Kultur und vor allem die Lyrik. Die beiden griechischen Nobelpreisträger, die Dichter Giorgos Seferis und Odysseas Elytis, sowie weitere Lyriker wie Gannis Ritsos oder Andreas Embirikos, der Theaterregisseur Karolos Koun und sein Athener Kunsttheater, der Dirigent Dimitris Mitropoulos, die Komponisten Manos Hadjidakis und Mikis Theodorakis – sie alle waren Kinder dieser Zeit der Armut. Griechenland war ein armes Land mit einem hohen kulturellen Niveau.

Ich möchte nicht missverstanden werden. Ich möchte nicht die Vergangenheit romantisieren, ich sehe die Mitgliedschaft Griechenlands in der EU als einen großen Schritt nach vorn. Aber ich muss zugeben, dass ich große Angst habe. Denn wir haben in der Zeit des fiktiven Reichtums nicht nur die Armut, sondern auch deren Werte über Bord geworfen, weil wir irrtümlicherweise glaubten, dass sie Teil der Armut seien. Nun steht die Armut wieder vor unserer Tür, aber die Werte, die wir brauchen, um in ihr und mit ihr zu leben, haben wir leider dem Reichtum geopfert. Daher meine Angst.

Andererseits gibt es aber auch in der EU keine eingehende Diskussion über die Kultur und die gemeinsamen europäischen Werte. Wir haben die EU mit dem Euro identifiziert und die Diversität Europas und dessen gemeinsame Werte vernachlässigt. Die einzige ernsthafte Diskussion in der EU über die europäische Identität, die europäische Kultur und die gemeinsamen Werte, die ich miterlebt habe, war der »Sound of Europe« in Salzburg im Jahr 2006, während der EU-Präsidentschaft Österreichs. Ich habe damals gehofft, dass weitere Diskussionen folgen würden. Ich habe mich aber leider geirrt. Auch die Literaten und die Intellektuellen können Opfer eines falschen Optimismus werden, nicht nur die Politiker.

Wenn ich jetzt zurückblicke, dann frage ich mich: Wir haben doch am Anfang, also nach der Militärdiktatur, alles richtig gemacht. Was ist dann falsch gelaufen?

Die sechs Jahre nach dem Sturz der Militärdiktatur, also die Jahre von 1974 bis 1980, waren die Jahre eines großen institutionellen Wandels in Griechenland. Das Land bekam eine neue und demokratische Verfassung, zum ersten Mal in der Geschichte Griechenlands. Die Monarchie wurde per Referendum abgeschafft, und den Führern der Diktatur wurde der Prozess gemacht. Dieser institutionelle Wandel wurde friedlich, ohne Konfrontationen und traumatische Erfahrungen durchgesetzt.

Der herausragende Politiker dieser Zeit war Konstantinos Karamanlis. Karamanlis hat innerhalb von sechs Jahren institutionell ein neues Land ins Leben gerufen. Er hat aber gleichzeitig den griechischen Staatsapparat aus der Zeit nach dem Bürgerkrieg, der sich bereits während der Militärdiktatur zu einem Monster entwickelt hatte, nicht angegriffen, entweder, weil er es nicht wollte, oder, wie ich glaube, weil ihm die Zeit dazu nicht reichte. Das hätten die folgenden Regierungen machen sollen, haben es aber willentlich versäumt.

Das waren die goldenen sechs Jahre nach der Militärdiktatur. Es folgten aber die dunklen Jahre. Im Folgenden möchte ich das anhand einiger Zahlen verdeutlichen.

Die Monarchie wurde mit dem Referendum vom 1. September 1946 wieder eingeführt und mit dem Referendum vom 8. Dezember 1974 wieder abgeschafft. Sie dauerte in der Nachkriegszeit achtundzwanzig Jahre.

Georgios Papandreou der Ältere kehrte vier Tage nach der Befreiung des Landes von der Nazi-Besatzung nach Griechenland zurück, das war am 18. Oktober 1944. Sein Enkel, Giorgos Papandreou, war bis vor einigen Monaten noch Premierminister. Die politische Dynastie der Familie Papandreou dauerte siebenundsechzig Jahre.

Griechenland ist seit dem Referendum vom 8. Dezember 1974 eine Republik, die jedoch bis vor einigen Monaten »monarchisch« von drei politischen Familiendynastien regiert wurde. Wenn ich zuvor von Andreas Papandreou als einem Monarchen gesprochen habe, dann sollte man seine Regierungsweise in diesem Zusammenhang sehen.

In den sechsunddreißig Jahren der Republik wurde Griechenland elf Jahre lang von einem Premierminister geführt, der den Namen Karamanlis trug (1974–1980 von Konstantinos Karamanlis; 2004–2009 von Kostas Karamanlis, seinem Neffen), dreizehn Jahre lang von einem Mitglied der Familie Papandreou (1981–1989 und dann noch mal 1993–1996 von Andreas Papandreou; 2009–2011 von seinem Sohn Giorgos Papandreou). Der Familienvater der dritten Familie, Konstantinos Mitsotakis, war zwar nur drei Jahre Premierminister, seine Familie ist aber nach wie vor im politischen Leben des Landes stark präsent. Von den sechsunddreißig Jahren der Republik wurde das Land achtundzwanzig Jahre lang von drei Familien geführt. Kostas Simitis war der einzige Premierminister, der nicht Familienmitglied war und das Land acht Jahre lang regiert hat.

Ausnahmslos alle Politiker von Pasok und Nea Dimokratia, die gegen ein Familienmitglied für den Parteivorsitz kandidiert haben, haben die Wahl verloren. Die Parteikader haben immer für das Familienmitglied gestimmt, weil sie überzeugt waren, dass auch die Wähler dieselbe Wahl treffen würden, was sich auch in den Wahlen immer bewahrheitet hat.

Wenn man noch die Verfassungsänderung dazuzählt und ein Wahlsystem, das die absolute Mehrheit favorisiert, dann versteht man, dass der jeweilige Premierminister eine uneingeschränkte Macht ausübte.

Wir haben also eine Republik, in welcher der Premierminister eine monarchische Macht ausübt, plus drei Familiendynastien, die achtundzwanzig der sechsunddreißig Jahre nach der Militärdiktatur den Premierminister quasi als Thronfolger bestimmt haben. Dass dieses System so lange überlebt hat, ist ein Wunder an sich.

Eigentlich haben der Premierminister und die Regierungspartei in diesem System keine Angst vor der Opposition. Sie verfügen über eine absolute Macht und über eine absolute Mehrheit. Sie können frei und unkontrolliert ihre eigenen Parteimitglieder in den Staatsapparat und in den öffentlichen Diensten berufen, und sie können alle Führungspositionen mit ihren eigenen Leuten besetzen.

Das ist schlimm genug, aber es wird noch schlimmer. Weil in diesen sechsunddreißig Jahren die beiden Volksparteien Pasok und Nea Dimokratia abwechselnd regierten, geht die jeweilige Regierungspartei davon aus, dass die oppositionelle Volkspartei es ihr gleichtun wird, sobald sie an die Regierung kommt.

Das Interessante wie auch Verheerende an diesem System ist, dass die Kader der abgelösten Regierungspartei im Staatsapparat und in den öffentlichen Diensten von der neuen nicht entlassen werden. Sie bleiben, und es kommen immer neue dazu.

Der Premierminister hat weitaus mehr Angst vor den Parlamentariern seiner eigenen Partei und vor innerparteilichem Widerstand. Dazu ein Beispiel: Als der damalige Premierminister Kostas Simitis im Jahr 2002 ein neues Krankenkassengesetz einführen wollte, musste er es zurücknehmen, nicht wegen der Streiks und Demonstrationen der Gewerkschaften, auch nicht wegen des Aufschreis der Opposition, sondern weil die Parlamentarier seiner eigenen Partei damit drohten, die Regierung zu stürzen.

Zwischen den beiden Volksparteien bestehen eigentlich keine großen Differenzen, was ihre Parteiprogramme und ihre Regierungspolitik betrifft. Pasok hat seiner »baathistischen« und sozialistischen Herkunft abgeschworen und hat sich zu einer linksliberalen Partei umgebaut. Die Nea Dimokratia ist seit ihrer Gründung eine Mitte-rechts-Partei trotz ihrer populistischen Züge, die in der letzten Zeit immer stärker betont werden.

Meine Freunde im Ausland wundern sich oft,

warum Konsens in der griechischen Politik ein unbekannter Begriff ist. Dafür gibt es zwei Gründe: weil im griechischen politischen System die Koalitionspraxis und -erfahrung fehlen und weil das ganze System seit dem Ende des Bürgerkriegs auf Konfrontation gebaut ist.

In den letzten zwanzig Jahren hat keine Oppositionspartei die Wahlen gewonnen. Es war immer die Regierungspartei, die die Wahlen verloren hat. Das mag auf den ersten Blick sonderbar klingen, ist aber trotzdem wahr. Zum einen, weil die Parteiprogramme der beiden Volksparteien zum Verwechseln ähnlich sind. Zum anderen, weil die jeweilige Oppositionspartei sich nie die Mühe gemacht hat, ein alternatives und überzeugendes Regierungsprogramm vorzulegen. Die Politik der oppositionellen Volkspartei besteht darin, bereits am Tag nach der Wahl über die Regierung schlecht zu reden und sie zu diskreditieren.

Das sieht man außerhalb des Parlaments auch bei den Demonstrationen und Streiks der verschiedenen Gewerkschaften. Sie haben weder ein Programm noch vernünftige Vorschläge. Sie wollen nur, dass alles beim Alten bleibt, denn ihr Ziel besteht nicht darin, Änderungen durchzusetzen, sondern die Regierung zu diskreditieren.

Ich habe zu erklären versucht, dass die griechische Krise keine ausschließlich finanzielle Krise ist, sondern eine Krise des politischen Systems mit finanziell verheerenden Folgen. Wir sind weder wegen der Hedgefonds untergegangen noch wegen der Baublasen. Die Krise ist dadurch entstanden, dass das politische System schlecht gewirtschaftet und versagt hat.

Wir erleben heute in Griechenland die Endphase dieses abgewirtschafteten Systems. Die schlechte Nachricht ist, dass genau die politische Klasse, die dem Land die Krise beschert hat, nun aufgefordert wird, das Land zu sanieren und aus der Krise herauszusteuern. Sie hat aber ihre Kredibilität in der Bevölkerung völlig verspielt. Die Bürger sind entmutigt, deprimiert und total verunsichert, nicht nur wegen der rigorosen Sparmaßnahmen, sondern auch weil sie ihr Vertrauen in die politische Klasse verloren haben.

Die gute Nachricht ist eine altbewährte Wahrheit: Unter Druck lernt man immer. Das gilt auch für die griechischen Politiker. Zum ersten Mal seit dem Bürgerkrieg haben die beiden Volksparteien eine große Koalition unter Lukas Papadimos gebildet. Sie haben das zweite Memorandum und das PSI-Paket mit großer Mehrheit, aber auch mit großen Opfern verabschiedet. 21 Abgeordnete haben die Nea Dimokratia und 23 die Pasok verlassen.

Keine Partei verfügt nun im Parlament über eine absolute Mehrheit.

Es folgen noch die Gesetze, die diese Beschlüsse umsetzen werden und die die Zerstörung des Klientelsystems der beiden Parteien zur Folge haben werden. In beiden Parteien wird seit einigen Tagen offen über eine Regierungskoalition nach den Wahlen diskutiert.

Es bleiben trotzdem zwei wichtige Fragen offen.

Die erste ist, ob es nach der Wahl überhaupt eine Mehrheit im Parlament geben wird, die eine Koalitionsregierung ermöglicht. In der letzten Wahl von 2009 haben fünf Parteien den Eintritt ins Parlament geschafft. Heute sitzen im Parlament bereits sieben Parteien. Eine Splitterpartei aus Nea Demokratia und eine Splitterpartei aus der radikalen Linken sind dazugekommen. Inzwischen beraten die Abgeordneten, die die Pasok und die Nea Dimokratia verlassen haben, über die Gründung von neuen Parteien. Auch die Grünen haben gute Chancen, ins Parlament zu kommen. Dazu kommt noch eine rechtsextreme Partei.

Wenn es mehr als sechs Parteien ins Parlament schaffen, wird es aufgrund des Wahlsystems äußerst schwierig sein, eine Mehrheit für eine Koalitionsregierung zu bilden.

Die zweite offene und sehr wichtige Frage ist:

Reicht uns die Zeit? Denn die Zeit rennt uns davon.

Als Antwort auf beide Fragen werde ich Ihnen ein Gedicht von Brecht vorlesen:

Alles wandelt sich. Neu beginnen
Kannst du mit dem letzten Atemzug.
Aber was geschehen, ist geschehen.
*   Und das Wasser*
Das du in den Wein gossest, kannst du
Nicht mehr herausschütten.

Was geschehen, ist geschehen. Das Wasser
Das du in den Wein gossest, kannst du
Nicht mehr herausschütten, aber
Alles wandelt sich. Neu beginnen
Kannst du mit dem letzten Atemzug.

In Zeiten der Entmutigung denke ich immer an dieses Gedicht und hoffe weiter.

29. Februar 2012

Ein verrücktes Land

Er ist jung, um die dreißig, und hat ein Wirtschafts-studium absolviert.

»Ich habe für sie gestimmt«, sagt er zu mir.

»Für die Chrysi Avgi (Goldene Morgenröte)?«

»Ja.«

»Warum denn?«

»Ich wollte mich rächen«, antwortet er ganz schlicht. »Ich wollte mich rächen, weil ich arbeits-los und noch immer von meinen Eltern abhängig bin, denen auch die Gehälter gekürzt wurden. Ich wollte mich rächen, weil ich nach dem Studium mit Gelegenheitsarbeiten mein Taschengeld verdiene.«

»Wird die Chrysi Avgi dir Arbeit verschaffen?«, frage ich ihn.

»Nein, aber die anderen auch nicht.«

Das war der schwerste Schlag, den wir in der Wahlnacht vom 6. Mai seit der Rückkehr zur Demokratie erlitten haben. Griechenland hatte seit 1974, also nach dem Sturz der Militärdiktatur, keine rechtsextremen Parteien mehr im Parlament. Die

Chrysi Avgi galt als eine Schar von Schlägern, die mit Hakenkreuz und Nazigruß demonstrierten und ab und zu Studenten oder Migranten verprügelten.

Jetzt sitzt sie mit knapp 7 Prozent und 21 Abgeordneten im Parlament. Dazu kommt noch eine weitere rechtsextreme Partei, die Unabhängigen Griechen, mit 10,5 Prozent und 33 Parlamentariern.

Ich lese und höre fast jeden Tag, dass das Land am Abgrund ist. Das mag sein, aber Griechenland hat bereits die Grenze der Verzweiflung überschritten und ist zu einem verrückten Land geworden.

Die Krise hat die zwei großen Volksparteien, Nea Dimokratia und Pasok, die das Land ab 1974 abwechselnd regiert haben, beinahe aufgelöst. Die oppositionelle Nea Dimokratia hat seit Beginn der Krise alle Sparmaßnahmen vehement bekämpft. Dann machte ihr Vorsitzender, Antonis Samaras, einen großen Schwenk und stimmte dem zweiten Memorandum und dem dazugehörigen Sparpaket uneingeschränkt zu. Seine einzige Bedingung war die Auflösung des Parlaments und Neuwahlen. Samaras wollte um jeden Preis Premierminister werden.

Die Partei hat diesen Schwenk teuer bezahlt. Neun Abgeordnete haben die Nea Dimokratia verlassen. Sie gründeten die Partei der Unabhängigen Griechen und besetzen nun die Positionen ihrer bisherigen Partei gegen die Sparmaßnahmen. Der Stimmenanteil der Nea Dimokratia fiel auf 18,5 Prozent, das schlimmste Wahldebakel in der Geschichte der Partei.

Das Desaster der ehemaligen Regierungspartei Pasok hat hingegen andere Gründe. Pasok hat als Regierungspartei das erste Memorandum und das darauffolgende Sparpaket allein unterzeichnet. Und umgesetzt, wenn auch nur zum Teil. Gleichzeitig machte aber der letzte Pasok-Premierminister, Giorgos Papandreou, den gravierenden Fehler, die notwendigen Reformen in Staatsapparat und öffentlichen Diensten so weit als möglich hinauszuschieben. Stattdessen hat er mehrere Kürzungen an Löhnen und Renten durchgesetzt, den Bürgern eine Reihe von neuen Steuern aufgebürdet.

Das war kein Zufall, sondern eine politische Entscheidung. Papandreou wollte die Parteikader, die Staatsapparat und öffentliche Dienste besetzen, möglichst schonen, die harten Konsequenzen der Reformen für sie zumindest verzögern. Es waren diese Kader, die ihn zum Parteivorsitzenden gewählt hatten.

Diese Entscheidung hatte für die Partei verheerende Folgen, weil sie die Basis ihrer Wählerschaft zerstörte. Die Stammwähler von Pasok waren die Kleinbürger und der Mittelstand. Diese Schichten haben durch die neuen Steuern und durch die Rezession ihre Existenzgrundlage verloren. Sie sind Pasok in Scharen davongelaufen.

Die Rentner taten es genauso. Während der Regierungszeiten von Pasok erlebten die Rentner eine Blütezeit. Ihre Renten wurden mehrmals erhöht. Jetzt war aber die Partei aufgrund der Sparmaßnahmen gezwungen, harte Einschnitte bei den Renten vorzunehmen. Das empörte die Rentner, und sie kehrten der Partei den Rücken.

Die »Anti-Memoranden«-Parteien, wie man sie in Griechenland nennt, profitierten großzügig von der Auflösung der zwei Regierungsparteien. Allen voran Syriza, die Partei der radikalen Linken. Die Umfragen prognostizierten zwar, dass Syriza ihren Stimmenanteil erhöhen würde, niemand aber rechnete mit einem Sprung von 3 auf 16 Prozent.

Mit der letzten Wahl geht in Griechenland eine Zeit zu Ende, die knapp vierzig Jahre gedauert hat. Es war die Zeit der absoluten Mehrheiten, die es den zwei ehemaligen Volksparteien erlaubt hatte, abwechselnd die Regierung zu stellen. Die politische Landschaft, die nun entstanden ist, erlaubt nur noch die Bildung von Koalitionsregierungen. Eine Rückkehr zum alten System ist unwahrscheinlich.

Das ist im Prinzip keine negative Entwicklung. Letztendlich haben die zwei großen Regierungsparteien das Land in den Abgrund geführt. Der negative Aspekt ist, dass die griechischen Parteien keine Erfahrung mit der Bildung von Koalitionsregierungen haben. Kompromissbereitschaft ist für sie ein unbekanntes Wort. Das ist aus Perspektive der kleineren Parteien zum Teil sogar verständlich. Nea Dimokratia und Pasok haben vierzig Jahre lang die Posten unter sich verteilt, die anderen außen vor gelassen.

Die Schwierigkeit, eine Koalition zu bilden, zeigte sich sofort nach der Wahl. Die Linksradikalen von Syriza stellen Bedingungen, die für Nea Dimokratia und Pasok inakzeptabel und zudem in sich selbst inkonsequent sind. Man kann nicht zwei entgegengesetzte Ziele zugleich verfolgen: in der Eurozone bleiben und gleichzeitig die Memoranden rückgängig machen wollen.

Und die kleinere Partei der Demokratischen Linken weigerte sich, ohne Mitwirkung von Syriza einer Koalition beizutreten. Die Unabhängigen Griechen und die griechische KP wiederum lehnen eine Koalitionsregierung mit den proeuropäischen Parteien prinzipiell ab.

Das ließ keine andere Alternative als Neuwahlen. Sie wurden am Dienstag für den 17. Juni proklamiert. Alle Versuche einer Regierungsbildung waren gescheitert. Politiker und Journalisten behaupten, dass auch die nächste Wahl nichts Neues bringen werde. Aber das ist nicht so sicher.

35 Prozent der Wählerinnen und Wähler enthielten sich bei der letzten Abstimmung. So viele wie noch nie. Hinzu kommt, dass 18 Prozent der Wähler für Parteien stimmten, die es nicht ins Parlament geschafft haben. Viele gingen aus Protest nicht wählen oder wählten eben kleinere Parteien. Und was ist aus dem Block der enttäuschten Pasok-Anhänger geworden? Niemand kann voraussehen, wie diese bei der nächsten Wahl am 17. Juni stimmen werden.

Der große Stimmenanteil (7 Prozent), den die Chrysi Avgi, die Goldene Morgenröte, bekommen hat, bereitet sowohl der Mehrheit der Bevölkerung als auch den übrigen Parteien große Kopfschmerzen. Die Chrysi Avgi ist keine rechtsextreme, sondern eine nationalsozialistische Partei. Sie verherrlicht die Nazis und leugnet den Holocaust.

Manche machen sich Mut und glauben, dass sie eine vorübergehende Erscheinung ist, die bald wieder verschwindet. Man sollte sich aber keine falschen Hoffnungen machen. Mag sein, dass sie Stimmen einbüßt, aber sie wird trotzdem bleiben.

Es sind nicht nur arbeitslose Jugendliche, die aus Protest für sie stimmen. Griechenland hat ein Einwanderungsproblem, das außer Kontrolle geraten ist. Schuld daran ist nicht nur die prekäre geographische Lage des Landes, sondern vor allem die lange und fast unkontrollierbare Grenze zur Türkei.

Schuld ist auch die Politik aller Regierungen, die das Problem kleingeredet und jahrelang weggeschaut haben. Das hatte zur Folge, dass der Rassismus sich in weiten Teilen der Bevölkerung etabliert hat. Die Chrysi Avgi profitiert davon, indem sie landesweit eine Hetze gegen Migranten treibt. Gleichzeitig aber leistet sie soziale Arbeit vor allem bei Alten und Rentnern, die in Migrantenvierteln wohnen. Sie beschützt sie und unterstützt sie auch finanziell. Eine nationalsozialistische Partei, die auf Muslimenjagd ist, übernimmt gleichzeitig die Strategie der islamistischen Hamas und bekommt Aufwind. Wir leben eben in verrückten Zeiten.

Ich weiß wirklich nicht, ob Memoranden, Sparmaßnahmen und Schuldenschnitt letztendlich Griechenland sanieren werden. Sie haben aber mittlerweile die parlamentarische Landschaft zerstört.

19./20. Mai 2012

Vierzig Tage, die die Welt erschütterten

Wer kennt noch das Buch von John Reed, *Zehn Tage, die die Welt erschütterten*? Für die jungen Linken meiner Generation war es Pflichtlektüre. John Reed beschreibt darin die ersten zehn Tage der Russischen Revolution. Bei uns waren es die vierzig Tage vom 6. Mai bis zum 17. Juni 2012, von den ersten bis zu den zweiten Wahlen. In diesen vierzig Tagen hatte die ganze Welt, allen voran die Länder der Eurozone, den Blick auf Griechenland gerichtet.

Zwar zeugen John Reeds Reportagen von großer Begeisterung, doch die übrige Welt verfolgte die Ereignisse in Russland im Jahre 1917 mit Angst, Entsetzen und Spott. Mit ungefähr denselben Gefühlen blickten die Europäer während dieser vierzig Tage auf die Ereignisse in Griechenland. Mit Angst vor dem Ausgang der Wahl. Mit Entsetzen über die Perspektive, dass Griechenland die Eurozone verlassen müsste, und die Kettenreaktion, die eine solche Entwicklung in Gang setzen könnte.

Aber auch mit Spott über Griechenland und die Griechen wurde in vielen deutschen und manchen englischen Zeitungen nicht gespart. Das Einzige, was die Russen nicht hatten, waren die täglichen Aussagen von Herrn Schäuble.

Den Griechen war das alles egal, wenn sie sich auch über gewisse Zeitungsberichte oder Aussagen von ausländischen Politikern empörten. Sie hatten andere Sorgen, die man in vier Fragen zusammenfassen kann:

– Würden die Griechen in der Wahl wieder ihre Wut über das politische System äußern, oder würde die Angst über die Unregierbarkeit des Landes die Oberhand gewinnen?

– Würde Syriza, die Partei der radikalen Linken, bei einem Wahlsieg tatsächlich die beiden Memoranden kündigen und das Land in die Drachme zurückführen, oder dienten die Parolen nur dem Stimmenfang?

– Sollten es die sogenannten »Memoranden-Parteien« Nea Dimokratia und Pasok schaffen, eine Koalitionsregierung zu bilden, welchen Verhandlungsraum in der Eurozone hätten sie?

– Würde die Neonazi-Partei, Goldene Morgenröte, ihr Resultat halten oder Stimmen einbüßen?

Die Wahlen vom 17. Juni lieferten die Antwort auf alle diese Fragen. Es lässt sich aber noch nicht sagen, ob wir uns darüber freuen oder Sorgen machen sollen.

Die Annahme, dass die Angst in der zweiten Wahl entscheidend sein würde, hat sich nur in Bezug auf die Nea Dimokratia bewahrheitet. Sie hat ihren Stimmenanteil von 18,8 % auf 29,7 % erhöht und ihre Stellung als Mehrheitspartei behalten. Pasok und die Demokratische Linke erhielten mehr oder weniger gleich viele Stimmen wie in der Wahl vom 6. Mai.

Der wahre Gewinner der Wahlen aber war Syriza. Der Partei gelang ein Sprung von 16,5 % auf 26,9 %, damit konnte sie ihre Position als zweite Partei im Parlament behaupten. Es gibt für den Erfolg von Syriza mehrere Erklärungen.

Syriza wollte die Position neu besetzen, die Pasok Anfang der achtziger Jahre eingenommen hatte, als die Partei zum ersten Mal die Regierung stellte. Damals übernahm der Gründer der Partei, Andreas Papandreou, von der Kommunistischen Partei Griechenlands den Slogan »EWG und Nato sind dasselbe Syndikat« und versprach, Griechenland aus der EWG und der Nato herauszuholen. Pasok kam an die Macht, aber Griechenland verließ weder die EWG noch die Nato.

So ähnlich wird man auch Syriza einschätzen dürfen. Im Wahlkampf vertrat die Partei eine harte

Linie gegen die Memoranden und stellte deren Kündigung in Aussicht. Außerdem versprach sie, die Herabsetzung der Mindestlöhne rückgängig zu machen sowie die Rückzahlung der Bankkredite für bestimmte Einkommensstufen einzufrieren. Den europäischen Partnern gegenüber sprach Syriza aber eine andere, mehr auf Konsens und Verhandlungen bedachte Sprache.

Die Meinung, dass Syriza die Stelle von Pasok einnimmt, lässt sich auch dadurch bestätigen, dass mehrere Führungskader im Staatsapparat und in den Gewerkschaften von Pasok zu Syriza übergewechselt sind, im Glauben, die Privilegien, die sie sich mit Hilfe der Pasok-Regierungen gesichert hatten, nunmehr mit Syriza behalten zu können.

Es gibt aber einen riesigen Unterschied. Als Pasok die Regierung übernommen hatte, strömten die EU-Gelder und Subventionen großzügig und unkontrolliert ins Land. Folglich konnte die Partei ihre Kader und ihre Klientel uneingeschränkt bedienen. Heute wird infolge der Memoranden und der dazugehörigen Sparmaßnahmen überall gestrichen und gekürzt. Woher sollte Syriza das Geld für Mindestlohnerhöhungen und Privilegien bekommen, wenn die Partei dazu noch die Memoranden kündigen will – die einzige Geldquelle, die das Land noch hat?

Wenn der Satz von Karl Marx stimmt, dass sich die Geschichte zweimal ereignet, einmal als Tragödie und das zweite Mal als Farce, dann ist Syriza die Farce von Pasok und Pasok der Anfang unserer heutigen Tragödie.

Mittlerweile sind die »vierzig Tage, die die Welt erschütterten« vorbei, und wir wissen, dass die sogenannten »Memoranden-Parteien« es geschafft haben, eine Dreierkoalition zu bilden. Lassen wir aber die Diskussion über den Spielraum, den die neue Regierung in der Eurozone hat, vorerst beiseite. Es gibt nämlich noch zwei andere dringende Fragen.

Die erste von diesen Fragen wurde bereits gestellt. Die Goldene Morgenröte, die Partei der Neonazis, konnte ihren Stimmenanteil bei der zweiten Wahl halten. Am Abend des 17. Juni wunderten sich viele Bürger, wer wohl zweimal hintereinander für die Goldene Morgenröte gestimmt hatte.

Die erste und simple Antwort ist, dass die Neonazis ihre Stimmen von Stadtteilen und Dörfern bekommen, die ein akutes Migrantenproblem haben. Die Unlust aller griechischen Regierungen, sich mit dem Einwanderungsproblem Griechenlands zu befassen und eine vernünftige Migrationspolitik auszuarbeiten, hat zur Folge, dass die griechischen Einwohner dieser Stadtteile und Dörfer der Goldenen Morgenröte mehr vertrauen als dem Staat.

Die Goldene Morgenröte hat aber wie Syriza auch von Proteststimmen profitiert. Ein Teil der Wähler glaubte einfach nicht, dass Nea Dimokratia und Pasok, die das Land in den Abgrund geführt hatten, nun Griechenland aus der Krise heraussteuern könnten. Das war im Übrigen die größte Schwierigkeit für die beiden ehemaligen Volksparteien, die Griechenland während der letzten vierzig Jahre abwechselnd regiert haben: die Wähler zu überzeugen, dass sie fähig sind, das Land von der Krise zu befreien. Nea Dimokratia hat dank der Angst der Wähler überlebt. Pasok ist von einer großen Volkspartei, die bei der Wahl von 2009 47 % der Stimmen erhielt, zu einer kleinen Partei mit einem Stimmenanteil von 12,3 % zusammengeschrumpft.

Diese Stimmen allein hätten aber nicht ausgereicht, um der Goldenen Morgenröte einen festen Stimmenanteil von über 7 % in beiden Wahlen zu verschaffen. Die bittere Wahrheit ist, dass die Neonazis einen großen Teil ihrer Stimmen den jungen Wählern unter vierzig Jahren zu verdanken haben. Ein anderer, größerer Teil dieser Wähler hat für Syriza gestimmt.

Wir leben in einem Land mit 50 % Jugendarbeitslosigkeit. Einer von zwei jungen Griechen ist arbeitslos. Die große Mehrheit von diesen jungen Leuten hat ein Studium abgeschlossen, viele haben auch den Master gemacht, manche haben sogar promoviert. Sie kämpfen nicht wie die jungen Leute meiner oder der Polytechnikum-Generation für Freiheit, Demokratie und Menschenrechte. Das haben sie schon. Was sie nicht haben, ist Arbeit und eine Perspektive für die Zukunft. Sie reagieren mit Verzweiflung, Wut und Empörung und wählen die Goldene Morgenröte, nicht unbedingt, weil sie glauben, dass die Neonazis die richtige Lösung für ihre Probleme hätten, sondern weil sie sich rächen wollen – an einem System, von dem sie sich verraten fühlen. Diese jungen Leute sind in der Zeit des fiktiven Reichtums aufgewachsen. Sie hatten alles und haben alles verloren.

Somit kommen wir auf ein weiteres Problem zu sprechen. Griechenland ist nach der Wahl ein gespaltenes Land. Die Spaltung fing schon am Tag nach der Wahl vom 6. Mai an und verschärfte sich zunehmend im Laufe eines Wahlkampfs, der durch eine frontale Konfrontation zwischen Nea Dimokratia und Syriza geprägt war und im Land fast eine Bürgerkriegsstimmung hervorrief. Diese Stimmung wurde verstärkt wahrnehmbar, als Syriza der unseligen Idee verfiel, ihren Kampf gegen die Memoranden mit dem Widerstand der Nationalen Befreiungsfront EAM gegen die deutsche Besatzung zu vergleichen.

Die alte Trennung zwischen rechts und links ist aufgehoben. Die neue Trennlinie verläuft zwischen den Befürwortern und Gegnern der Memoranden. Syriza, die Partei der radikalen Linken, die sich auf die Nationale Befreiungsfront beruft, sagte vor der Wahl vom 6. Mai, dass sie kein Problem damit hätte, wenn eine Syriza-Regierung durch das Vertrauensvotum der rechtsextremen Partei der Unabhängigen Griechen zustande käme, denn beide Parteien kämpften gegen die Memoranden. Entsprechend haben die Unabhängigen Griechen denn auch vor der Wahl vom 17. Juni laut erklärt, dass sie eine Regierung von Syriza mit ihrem Vertrauensvotum unterstützen würden.

Während Syriza sich auf die Nationale Befreiungsfront berief, beschimpften die Unabhängigen Griechen die Memoranden-Parteien als Verräter und Kollaborateure der Deutschen, eine direkte Anspielung auf die griechischen Nazi-Kollaborateure im Zweiten Weltkrieg.

Das ist die eine Trennlinie. Es gibt aber noch eine zweite: jene der Generationen. Die Griechen unter vierzig haben für die Goldene Morgenröte und Syriza gestimmt, die Generationen über fünfzig für die zwei ehemaligen Volksparteien, für die Nea Dimokratia und Pasok.

Diese beiden Trennlinien haben das soziale Gewebe des Landes zerrissen. Das ist sehr besorgniserregend in einem Land, das eine lange Bürgerkriegstradition hat.

Trotzdem haben sich die Griechen mehrheitlich für den Verbleib des Landes in der Eurozone entschieden. Was aber kann eine neue Regierung mit einem engbegrenzten Spielraum überhaupt erreichen?

Einerseits verfügt die Regierung über eine bequeme Mehrheit von 179 Sitzen in einem Parlament von 300 Sitzen. Andererseits haben wir aber eine Dreierkoalition, und das politische System in Griechenland hat mit Regierungskoalitionen keine Erfahrung. Die letzte Regierungskoalition wurde vor genau sechzig Jahren gebildet, im Jahre 1952, und dauerte nur ein Jahr.

Jeden Morgen, wenn ich die Zeitungen aufschlage, bietet sich mir dasselbe Bild. Thema Nummer eins sind die Verhandlungen mit der Eurozone – was wir geben und was wir bekommen könnten. Abgesehen von taktischen Spielen, Wunschträumen und Kalkulationen, die bittere Wahrheit ist, dass wir wenig zu bieten und noch weniger zu bekommen haben. Es geht aber nicht nur um Europa. Die Regierung hat im Inneren äußerst wichtige und dringende Aufgaben zu lösen. Sie muss endlich die schmerzhaften Reformen durchsetzen, sie muss den Moloch Staatsapparat verkleinern, also gegen fest etablierte Privilegien kämpfen. Das wird für sie vermutlich ein härterer Prüfstein als die Verhandlungen mit Europa, denn es könnte zu einem Interessenkonflikt der einzelnen Koalitionsparteien kommen.

Ich erwarte von der neuen Regierung nur eines: dass sie Zeit gewinnt. Es ist sehr wichtig, dass wir überleben und mit am Verhandlungstisch sitzen, wenn die unausweichlichen Änderungen in Europa umgesetzt werden.

Thomas Mann hat einmal gesagt, dass Europa ein europäisches Deutschland braucht und kein deutsches Europa. Europa hat mit einem europäischen Deutschland fünf Jahrzehnte lang erfolgreich gelebt. Jetzt, in der Krise, versucht Deutschland Europa mehr und mehr auf seinen Kurs zu bringen. Die Kluft zwischen dem Süden und Mittel- und Nordeuropa wird immer größer.

Ob Europa die Krise überlebt oder nicht (was heute noch eine offene Frage ist), die einzige Chance für Griechenland ist, dass es am Verhandlungstisch bleibt. Das aber setzt schmerzhafte Sparmaßnahmen voraus, und es ist noch zu früh zu sagen, ob die Koalitionspartner den Willen, den Mut und das Verständnis dafür haben. Ich will es hoffen, aber sicher bin ich nicht.

Athen, Ende Juni 2012

Eine Freundschaft in Gefahr

Bundeskanzlerin Angela Merkel kommt nun in ein Land, das seit den sechziger Jahren eine sehr enge Freundschaft zu Deutschland gepflegt hat. Das war nicht nur auf Staatsebene so, sondern auch zwischen Deutschen und Griechen. Ich bin 1964 nach Athen gezogen und konnte ziemlich lange nicht begreifen, warum die Griechen sich mit ihren ehemaligen Besatzern besser verstanden haben als mit ihren ehemaligen Befreiern, den Engländern und den Amerikanern.

Dieses freundschaftliche Verhältnis ist aber seit dem Beginn der Krise, wenn nicht zerstört, so doch stark beschädigt. Es gibt dafür mehrere Gründe, und es lohnt sich, einmal darüber nachzudenken.

Der allererste Grund ist das Geld. Geld zerstört die Freundschaft. Das ist eine alte sowie traurige Wahrheit. Solange jedes Land seine eigene Währung hatte, konnte die Freundschaft gedeihen. Deutsche und Griechen interessierten sich nicht dafür, wie der andere mit seinem Geld, beziehungsweise mit seiner Währung, umging. Erst mit der gemeinsamen Währung sieht man, wie groß die Kluft zwischen den beiden Völkern ist.

Da gibt es vor allem einen Unterschied in der Denkweise. Griechenland war seit der Gründung des neugriechischen Staates bis kurz vor zwanzig Jahren ein armes Land. Die Griechen konnten aber mit ihrer Armut ganz gut leben. Sie waren bescheiden und sparsam. Erst seit dem Beitritt Griechenlands in die EWG, also seit Anfang der achtziger Jahre, hat man gemerkt, wie schlecht die Griechen die Verwaltung des Reichtums beherrschten. Seit dem Beitritt Griechenlands in die Europäische Währungsunion ist es noch schlimmer geworden.

Dagegen sind die Deutschen Spezialisten in der Verwaltung des Reichtums. Jetzt isst man aber aus demselben Topf, und die Deutschen können nicht zusehen, wie ein Mitglied der Familie mit Geld einfach blind um sich schmeißt. Irgendwann kommt dann der Bruch, wie in allen Familien.

Das zweite Problem ist ein Teil der Medien auf beiden Seiten. Ich kann einige deutsche Medien beim besten Willen nicht verstehen. Man kann die Griechen kritisieren, meistens zu Recht. Was erreicht man aber mit Hohn, Erniedrigung und Verachtung? Es ist wahr, die Griechen haben zum großen Teil sich selbst ruiniert. Es ist vor allem ihre eigene Schuld, dass sie in dieser trostlosen Lage gelandet sind. Man kann ihnen helfen oder sie ihrem Schicksal überlassen. Sie zu verhöhnen und zu erniedrigen, ist einfach billig.

Andererseits kann ich aber jene griechischen Medien nicht verstehen, die die Deutschen als Nazis beschimpfen. Wieso waren die Deutschen keine Nazis, als man sie mit offenen Armen empfangen hat, und sind sie erst heute, vierzig Jahre später, zu Nazis geworden?

Die Politiker sind nicht besser, und das ist das dritte Problem. Es hilft kaum, wenn deutsche Politiker fast jeden zweiten Tag eine Aussage über Griechenland zum Besten geben. Es hilft nicht, wenn Herr Schäuble bei jedem Anlass die Griechen belehrt. Aber es ist nicht Herr Schäuble allein. Herr Rösler, Herr Söder und Herr Dobrindt melden sich immer wieder zu Wort. Die Bundeskanzlerin ist vielleicht die einzige Politikerin der deutschen Koalition, die mit Aussagen über Griechenland sparsam umgeht – und wenn sie sich überhaupt äußert, dann in gemäßigtem Ton.

Es hat wenig Sinn, wenn man ununterbrochen davon redet, dass die Griechen zu ihrer Nationalwährung zurückkehren müssen. Solche Entscheidungen setzt man einfach um, wenn es so weit ist. Reden ohne Handeln bringt Verunsicherung, nicht nur in Griechenland, sondern in der ganzen Euro-Zone. Es ist ja so, dass mit jedem neuen Sparpaket der Abstand zwischen einer Armut in der Euro-Zone und einer Armut mit der Drachme für die Griechen immer kleiner wird. Die griechischen Politiker reagieren wütend auf diese Aussagen, manchmal sogar hysterisch. Sie minimalisieren ihre eigene Verantwortung und schieben sie lieber den anderen in die Schuhe.

Das führt zu einer weiteren Diskrepanz, die die deutsch-griechische Freundschaft gefährdet. Die Griechen betrachten sich immer als unschuldig und als Opfer. Das ist kein speziell griechisches Charakteristikum, es ist weit verbreitet auf dem ganzen Balkan. Fast alle Balkan-Völker sehen sich als unschuldige Opfer. Es gilt der Satz von Jean-Paul Sartre: »Die Hölle, das sind die anderen.«

Die Deutschen ihrerseits sind stolz auf ihre Errungenschaften und wollen, dass die übrigen Europäer, vor allem die Südländer, es ihnen nachmachen. Sie verstehen sich als Vorbild und ignorieren dabei, dass der Süden eine ganz andere Kultur hat. Wir haben das Verständnis für die Kulturdiversität in Europa zu lange vernachlässigt und sehen uns heute damit konfrontiert.

Die Deutschen werden deswegen, und nicht nur in Griechenland, als Schulmeister gesehen, die die

anderen als Schüler behandeln. Ich kenne nicht viele
Schüler, die Sympathien für ihre Schulmeister hätten. Dazu kommt noch, dass Schulmeister für die
Bildung, manchmal auch für die Erziehung gut sind,
aber eine schulmeisterliche Politik funktioniert eben
nicht.

Es besteht kein Zweifel, hoffentlich auch für die
Deutschen, dass die Griechen sehr stark leiden. Die
Arbeitslosigkeit beträgt knapp 23 Prozent, die Jugendarbeitslosigkeit liegt höher als 50 Prozent. Die
Selbstmordrate hat um 33 Prozent zugenommen. Es
wird trotzdem an Renten und Gehältern weitergekürzt, und es kommen immer neue Steuern dazu.
Die Griechen erleben eine sehr harte Zeit. Das Leid
ist eine Sache des Gefühls. Mutlosigkeit, Hoffnungslosigkeit, Depression – das alles betrifft die Gefühle der Menschen.

Die deutschen Politiker und Wirtschaftsexperten
versuchen den Griechen die Ursachen ihres Elends
zu erklären und ihnen zu sagen, was sie alles falsch
gemacht haben. Nun sind aber Erklärungen eine
Sache der Vernunft. Man kann aber den Griechen
ihr Leid schlecht mit der Vernunft erklären. Das versuchen auch die griechischen Politiker immer, wenn
sie neue Sparmaßnahmen durchsetzen, ihre Argumente kommen aber bei der Bevölkerung sehr
schlecht an.

Es wäre beiden Seiten sehr geholfen, wenn man den Griechen in ihren Gefühlen ein bisschen Vernunft einflößen würde und den Deutschen in ihrer Vernunft ein bisschen Mitgefühl.

Die Bundeskanzlerin könnte während ihres Besuchs in Athen einen Beitrag dazu leisten. Es wäre doch schade, wenn diese langbewährte Freundschaft an Missverständnissen und Vorurteilen zugrunde ginge.

9. Oktober 2012

Vom Schwinden der Erinnerung

Athen stirbt nicht an Herzversagen, sondern an Alzheimer. Die Stadt verliert ihre Erinnerung, sie erkennt ihr Umfeld nicht mehr und hat zunehmend weniger Kontakt zu den Leuten, die in ihr leben und verkehren. Das Gedächtnis der Stadt schwindet allmählich, und Athen verliert seine Existenzgrundlage. Dieses Erinnerungsdefizit hat vor allem die Stadtteile des Mittelstands und des Kleinbürgertums getroffen. Man geht dort durch die düsteren Straßen und sieht reihenweise geschlossene Läden und Geschäfte, übersät mit wilden Sprayereien. Das markanteste Beispiel dieses Verfalls ist die Patission-Straße, eine der ältesten und längsten Straßen von Athen. Die Patission-Straße war die traditionelle Einkaufsstraße des Mittelstands. Heute steht jedes zweite Geschäft leer. Die Schaufenster sind mit Plakaten und mit Aufklebern für freistehende Wohnungen bedeckt, die vergeblich auf einen Mieter warten.

Die Passanten gehen achtlos vorbei, ohne einen

Blick auf die leeren Räume zu werfen. Würde man sie fragen, was da für ein Geschäft gewesen sei, würden sie verlegen antworten: »Kleidung vielleicht?« oder »Schuhe?«, nur weil die meisten dieser Geschäfte Modewaren- oder Schuhgeschäfte waren. Wer kauft aber heute noch Kleidung oder Schuhe in Athen? Gemäß den letzten Statistiken sind achtzig Prozent der Athener nicht mehr in der Lage, für ihre Lebenskosten aufzukommen.

Fast in allen Wohnvierteln des Athener Zentrums steht man vor dem gleichen trostlosen Bild. Der Stadtteil Kypseli, wo ich wohne, war bis in die achtziger Jahre hinein das Wohnviertel des Athener Mittelstands. Inzwischen ist er zu einem Migrantenviertel geworden, das überwiegend von Afrikanern bewohnt wird. Auf der Fußgängerstraße vor meiner Wohnung höre ich oft Französisch, sehe aber kaum einheimische junge Leute mehr. Griechisch sprechen nur die Rentner.

Der Auszug aus dem Zentrum hat seine Wurzeln nicht in der gegenwärtigen Krise, sondern in der Zeit des fiktiven Reichtums. Mitte der achtziger Jahre wollte der Mittelstand die schmutzige Luft der Innenstadt nicht mehr atmen, und er hatte auch den Lärm und die ewigen Staus satt. Vor allem aber wollten die Leute wie die Neureichen leben, die sie selber plötzlich waren. So haben sie ihre traditionellen Wohnviertel im Stadtzentrum verlassen und sind in die Vororte gezogen. Es blieben die Pensionierten und einige Künstler und Intellektuelle zurück, die ihre alten Wohnungen aus finanziellen Gründen, aber auch aus Gründen der Treue nicht verlassen konnten oder wollten.

Dann kam in den neunziger Jahren die große Einwanderungswelle, die fast ein Jahrzehnt anhielt. Für die Migranten waren diese verlassenen Stadtteile ein Segen. Und es stimmt nicht, was die zurückgebliebenen Bewohner, vor allem die Rentner, behaupten: dass nämlich durch die Ankunft der Migranten ihre Immobilien an Wert verloren hätten. Die Migranten kamen, weil die Wohnungen leer standen und die Mieten so billig waren.

Diejenigen unter den ehemaligen Einwohnern, die ihre alten Wohnungen nicht verkauft haben, machen jetzt ein gutes Geschäft. Sie vermieten sie an mehrere Migranten, pro Kopf zu dreißig Euro monatlich. Dadurch kassieren sie eine Monatsmiete, die weitaus höher liegt als die durchschnittliche Miete in diesen Stadtteilen. Mittlerweile schlafen die Migranten schichtweise in diesen Wohnungen. Es handelt sich um schwarzes Geld. Denn die Mieten werden dem Steueramt nicht deklariert, und die Eigentümer zahlen darauf keine Steuern.

Die Dominanz der Migranten hat diese Stadtbereiche in Nischen des Rassismus verwandelt. Weil der griechische Staat und die Stadt Athen seit Jahren keine vernünftige Migranten- und Stadtpolitik entwickeln konnten oder wollten und einfach wegschauten, sind diese Viertel zu Bastionen der Neonazi-Partei Goldene Morgenröte geworden. Die alten Leute und die Rentner haben Angst vor den Einwanderern. Die Neonazis beschützen sie. Sie bringen sie zur Bank, damit sie angeblich nicht überfallen werden, und sie schlafen nachts bei alten Leuten, damit sie sich in Sicherheit wähnen.

Ich gehe oft in der Altstadt spazieren. Diese ist der schönste Teil von Athen, zumindest des Zentrums, nicht nur wegen der Akropolis oder des antiken Keramikos-Friedhofs, sondern auch, weil sie der älteste Teil des modernen Athen ist. Sie wurde in den dreißiger Jahren des 19. Jahrhunderts, während der Bayern-Herrschaft, teilweise von deutschen Architekten errichtet. Ernst Ziller baute etwa das Athener Nationaltheater und das Hauptpostamt, und von Friedrich von Gärtner, dem Hofarchitekten der bayrischen Könige, stammt das Königspalais, das heutige Parlament.

Nach dem Abzug der Bayern verlor die Altstadt allmählich ihr Flair und wurde irgendwann ihrem Schicksal überlassen. Erst in den 1980er Jahren wurde sie einer gründlichen Sanierung unterzogen.

Für die Olympischen Spiele von 2004 wurde sie nochmals auf Hochglanz gebracht. Viele Altbauten wurden aufwendig renoviert, es kamen neue Hotels dazu, die auf ein florierendes Geschäft mit den Sportfans hofften. Die Hoffnungen haben sich nicht erfüllt, und danach ging es allmählich bergab. Viele Hotels im Zentrum machten zu, weil sie keine Kundschaft hatten.

Das markanteste Erinnerungsstück aus dieser Zeit ist die Flanierzone, die am Thission-Tempel beginnt und entlang der Akropolis verläuft. Rechts ist der Nymphenhügel, links die Akropolis, und wenn man das Ende des Spaziergangs erreicht hat, steht man vor den Säulen des Zeus-Tempels. Die Krise und der Verfall haben einen Umweg um diesen touristisch geprägten Bereich gemacht. Wenn man heute tagsüber durch die Altstadt spaziert, sieht man keine krassen Unterschiede. Die Zahl der Migranten ist zwar im Zentrum gestiegen, das hat aber mit keiner neuen Migrationswelle zu tun, sondern mit der Arbeitslosigkeit. Sie laufen herum und suchen verzweifelt nach Arbeit.

Der Ort, der von der Krise fast verschont geblieben ist, ist die Plaka, der älteste Stadtteil von Athen am Fuß der Akropolis. Die Plaka wurde zusammen mit der übrigen Altstadt gehaltvoll renoviert. Die öden Spelunken und billigen Musiklokale schlossen, und die Hausbesitzer hatten die Möglichkeit, mit günstigen Krediten ihre Häuser zu sanieren. Die Immobilienpreise stiegen, und heute ist die Plaka ein elegantes Viertel, in dem reiche Unternehmer, vor allem Reeder, wohnen.

Ich hatte in meinem Leben das Glück, viel zu reisen. Mir ist keine andere Stadt bekannt, die sich in der Nacht so stark verwandelt wie Athen. Eigentlich leben die Athener in zwei Städten: in einem Athen des Tages und in einem Athen der Nacht. Gewiss erdulden sie nur deswegen tagsüber diese Hölle von Luftverschmutzung, Lärm und Verkehrsstau, weil ihnen in der Nacht einige Stunden im Paradies vergönnt sind. Man sollte das nicht missverstehen. Ich spreche nicht vom Nachtleben, von den zahlreichen Tavernen, Restaurants und Nachtlokalen. Solche gibt es überall im Süden Europas. Ich rede von einer anderen Stadt. Das Nachtdunkel verschleiert Athens hässliches Tagesgesicht, mit den Betonklötzen aus der Zeit des »griechischen Wachstums« in den fünfziger und sechziger Jahren.

Seit der Krise ist es damit vorbei. Man geht nach neun Uhr abends nur noch durch leere Straßen und sieht Taxi-Schlangen, die vergeblich auf einen Fahrgast warten. Viele Tavernen und Restaurants haben nur noch samstags Betrieb. In zahlreichen Ecken der Altstadt sitzen Obdachlose, essen ihr dürftiges

Brot. Schlimm steht es um die Gegend um den Omonia-Platz, sie ist eine städtische Grauzone geworden, besetzt von Rauschgifthändlern und ausländischen Prostituierten, über die die russische Mafia das Sagen hat. Die Straßen mit Lokalen für Jugendliche sind auch während der Woche voll. Mit einer Bierflasche in der Hand sitzen sie auf dem Bürgersteig vor einer Bar und ergeben sich der Musik, die aus dem Innern herausdringt.

Die Stadtteile, die nachts keine Ruhe haben, sind die ehemaligen Stadtteile des Mittelstands und des Kleinbürgertums im Zentrum. Dort werden fast jeden Abend Straßenschlachten ausgetragen: Einmal ist da die Neonazi-Partei Goldene Morgenröte, die auf Migrantenjagd geht. Und dann sind es Migrantenbanden, die sich gegenseitig bekämpfen, um sich ihr Gebiet für den Rauschgifthandel zu sichern. Mit dabei ist auch die Polizei, die aussichtslos an beiden Fronten kämpft, um Ordnung zu schaffen. Mittlerweile finden diese Kämpfe auch in der Altstadt statt.

Ich habe zwei Freunde, die im Stadtteil Agios Panteleimon wohnen, dem schlimmsten Stadtteil von allen. Der eine ist Musiker, der andere Filmkritiker. Beide sagen dasselbe: Es lässt sich da nicht mehr leben. Trotzdem bleiben sie, so wie auch andere Kunst- und Kulturschaffende. Sie versuchen mit Kulturzentren und anderen Projekten das Leben ein bisschen erträglicher zu machen. Sie kämpfen damit gegen Alzheimer. Nur ist Alzheimer bekanntlich eine unheilbare Krankheit.

4. März 2013

Gespräch mit Petros Markaris

Sie haben immer in Großstädten gelebt. Geboren in Istanbul, studierten Sie in Wien und leben seit 1964 in Athen... Lauter Metropolen, die einst Zentren großer Reiche waren. Was bedeutet Ihnen Athen?

Petros Markaris: In Athen gehen Hass und Liebe Arm in Arm spazieren. Ich glaube, die Gemütsumschwünge der Athener haben mit ihrer Stadt zu tun. Die Athener umarmen einen und sagen Nettigkeiten, und im nächsten Moment wird man beschimpft. Morgens treten Sie auf die Straße, die Sonne scheint, alles glüht, alles ist in einem Lichtschleier, die Leute sitzen in Cafés, plaudern und trinken Kaffee, alles ist schön. Dann biegen Sie in eine neue Straße ein, und plötzlich rasen Autos auf Sie zu, und Sie denken: ›O Gott, jetzt bin ich tot!‹ Sie retten sich auf den Bürgersteig, aber der ist so kaputt, dass Sie stürzen und sich Ihr Bein brechen, dann verfluchen Sie die Stadt. Das ist Athen. Alle Athener haben eine Hassliebe zu ihrer Stadt. Das andere, was ich an Athen liebe, ist die Nacht. In der Nacht ist diese Stadt noch viel schöner als tagsüber. Athen wird schön entweder im Sonnenschein oder im Dunkeln. Ganz im Gegensatz übrigens zu Istanbul, das schön wird in diesem leisen Regen, Istanbul braucht den Regen, um schön zu werden. Athen braucht Sonnenschein.

Wie hat sich die Stadt seit Ihrer Ankunft verändert?

Athen war damals eine andere Stadt. Eine schöne, ruhige, eine sehr menschliche und humorvolle Stadt, man konnte jeden Tag an jeder Ecke lachen. Ich frage mich immer, wo dieser Humor heute ist, er ist einfach verschwunden. Griechenland war sehr arm, als ich es Mitte der sechziger Jahre kennenlernte. Aber seine Armut hatte Niveau, das Land hatte eine Kultur der Armut entwickelt. An den Dichtern, dem Theater und den Komponisten konnte man das erkennen. Die haben vom Staat keinen einzigen Groschen erhalten. Die haben geschuftet, um Kunst zu schaffen, und waren großartig.

In Ihren Romanen pulsiert Athen.

Wenn ich einen Roman schreibe, weiß ich immer, wo der spielt, in welchem Stadtteil. Ich gehe zu Fuß hin und mache eine kleine Recherche.

Sie fahren kein Auto?

Nein.

Im Gegensatz zu Kommissar Charitos, der ein neues Auto fährt?

Ja, sein altes Auto, der Mirafiori, ist weg. Eine Freundin, die in meinem italienischen Verlag arbeitet, sagte zu mir: »Ich weiß nicht, wie viele Mirafiori in Griechenland noch auf den Straßen unterwegs sind, aber eines sage ich dir, in Italien findest du einen Mirafiori nur noch im Fiat-Museum.« Gut, dann musste er eben weg, diese Entscheidung war leicht zu treffen. Die Frage nach dem neuen Auto war schwieriger zu beantworten.

Die Krise hat ihm dann die Antwort gegeben. Aus Solidarität mit Spanien, das – im Unterschied zu Japan – auch in der Krise steckt, kaufte er sich ein spanisches Auto.

Ja, Kommissar Kostas Charitos fährt jetzt einen Seat Ibiza. Ich erzählte in meinem spanischen Verlag vom Problem des neuen Autos, als eine junge Dame aus der Presseabteilung kam, Delia Louzan, und mir ein kleines Geschenk brachte: einen Seat-Katalog mit Modellen in allen Farben, damit ich eine Auswahl treffen konnte. Das war schön! Und wegen der Bezahlung: Charitos sagt ja später:

»Hätte ich das gewusst, hätte ich keinen Wagen ge-
kauft«, was bedeutet, dass er in Raten zahlt.

Woher kommt Ihre Familie?

Mein Vater war Armenier, die Mutter Griechin,
zu Hause sprachen wir Griechisch. Und zwar dank
einer Liebesgeschichte: Mein Großvater väterli-
cherseits stammte aus einer reichen armenischen
Familie in Istanbul, sein Vater war einer der Banker
von Sultan Abdul Hamid. Sie hatten ein großes
Haus und eine Köchin, die von der Kykladeninsel
Andros kam. Diese Köchin bat meinen Urgroßvater um Erlaubnis, ihre Nichte eine Zeitlang bei sich
wohnen lassen zu dürfen. Mein Urgroßvater wil-
ligte ein und bot der Köchin ein Zimmer für ihre
Nichte an. Die Nichte, damals siebzehn Jahre alt,
kam direkt von der Insel und soll sehr hübsch gewesen sein. Mein Großvater verliebte sich auf der
Stelle. Er ging zu seinem Vater und eröffnete ihm:
»Ich habe mich in die Nichte unserer Köchin verliebt und möchte sie heiraten.« Sein Vater sagte, er
sei nicht bei Trost, er könne nicht die Nichte der
Köchin heiraten, die zudem auch noch Griechin
sei, und drohte ihm mit Enterbung. Doch mein
sturer Großvater kam eines Sonntags beim Mittag-
essen mit dem Mädchen herein und sagte: »Ich will
euch meine Frau vorstellen.« Am nächsten Tag

wurde er von seinem Vater enterbt. Da nahm er seine junge Frau, zog aus, mietete eine Zweizimmerwohnung, lernte die Sprache seiner Frau und sprach kein Armenisch mehr. Er sprach ein furchtbares, elendes Griechisch, aber das war unsere Sprache, die Folge einer Liebesgeschichte. Der Diogenes Verleger Daniel Keel fand die Geschichte übrigens herrlich und wollte, dass ich ein Buch darüber schreibe. Aber ich kann keine Liebesromane schreiben.

In Istanbul gingen Sie auf eine deutsche Schule…
Auf eine österreichische Schule. Die Türkei war im Krieg ja neutral geblieben; als sich aber abzeichnete, dass die Alliierten gewinnen würden, erklärte die Türkei Deutschland den Krieg, und man schloss die deutsche Schule. So gab es für mich keine deutschsprachige Alternative zum österreichischen St.-Georg-Gymnasium.

Wie kam es dazu?
Mein Vater hatte in seinem Leben zwei Träume und wurde in beiden enttäuscht. Er führte eine Importfirma und wollte, dass ich sie übernehme. 1949 begann das deutsche Wirtschaftswunder, und mein Vater glaubte, Deutsch würde zur internationalen Unternehmersprache werden, ich sollte also Deutsch

lernen. Er wurde doppelt enttäuscht: Deutsch wurde nicht zur Unternehmersprache, und ich habe seine Firma nicht übernommen. Aber ich habe Deutsch gelernt, das ist geblieben.

... und heute muss Deutschland Griechenland retten. – In Wien begannen Sie dann ein Wirtschaftsstudium.

Auch das war der Wunsch meines Vaters. Ich wollte nicht Wirtschaft studieren, ich verabscheute das Fach. Aber schon damals zog es mich weg von Istanbul. Also sagte ich mir: Das Studium ist deine Chance. Dabei habe ich gar nicht fertigstudiert. Nach fünf Jahren wusste ich, dass ich auf Griechisch schreiben wollte, also ging ich nach Griechenland, wo das moderne Griechisch gesprochen wird.

Sie waren aber in Griechenland länger in der Wirtschaft tätig, nicht wahr?

Ja, von 1966 bis 1976 war ich bei einer Zementfabrik, also elf Jahre lang. Den großen Sprung habe ich 1976 gewagt, als ich es nicht mehr aushielt in der Fabrik.

Hat da Ihr Vater noch gelebt?

Nein. Meine Mutter aber hat es mir nie verziehen. Es war und ist eine sehr gute Firma. Da gab es zweimal jährlich Gehaltserhöhungen und außerdem Boni für die besten Angestellten. Nur einmal bekam ich etwas weniger. Am nächsten Tag meldete sich der Geschäftsführer der Firma: »Ich muss mich bei Ihnen entschuldigen, das nächste Mal bekommen Sie mehr, machen Sie sich keine Sorgen.« Dann sagte er wie nebenbei: »Abgesehen davon werden Sie nächstes Jahr Direktor sein, dann bekommen Sie sowieso ein besseres Gehalt.« Ich war völlig perplex. Ich sagte mir: »Wenn du jetzt Direktor wirst und weitermachst, dann musst du das Schreiben vergessen.« Ich habe die ganze Nacht nicht geschlafen und nachgedacht. Am nächsten Tag ging ich zum Verantwortlichen und sagte: »Ich bin sehr geehrt. Das ist wirklich nett von Ihnen, hier ist mein Rücktritt.« Er bezahlte mir den vollen Lohn, als ob er mich gefeuert hätte, um mich an sich zu binden, falls ich es mir anders überlegte. Ich sagte: »Wissen Sie, ich werde nie zurückkommen.« Er darauf: »Ich bin Unternehmer, ich kenne meine Risiken. Dieses nehme ich auf mich.« Ich ging nie zurück, und er hat das Geld verloren.

Wie entschied sich, in welcher Sprache Sie schreiben würden?

Ich bin dreisprachig, spreche Griechisch, Türkisch und Deutsch. Am Anfang schrieb ich einiges auf Deutsch, auch auf Türkisch, seltsamerweise weniger auf Griechisch. Und auf einmal, in Wien, kam ein Sinneswandel. Wissen Sie, die österreichische Gesellschaft – besonders die Wiener –, das ist eine geschlossene Gesellschaft. Und ich hatte oft dieses Gefühl der Einsamkeit – mit seinen negativen und seinen positiven Seiten. Jeder, der Schriftsteller sein möchte, muss lernen, seine Einsamkeit zu lieben, da der Schriftsteller immer einsam ist. Er lebt alleine, er schreibt alleine, er denkt alleine. Man muss diese Einsamkeit nicht nur ertragen, man muss sie lieben lernen. Ich habe sie mir zu eigen gemacht. Andererseits war ich durch sie auch befremdet. Ich beschloss damals: Wenn ich schreibe, dann nur auf Griechisch. Ich wollte irgendwie an den Busen der Muttersprache. Im Griechischen fühlte ich mich sicher.

Wusste Ihr Vater, dass Sie schon früh mit dem Schreiben begonnen haben?
Ja. Aber er hoffte immer, dass es eine jugendliche Krankheit sei, die vorbeigehen würde.

Thomas Mann schrieb immer morgens. Haben Sie Schreibrituale?
Wenn ich zu Hause bin, arbeite ich jeden Tag,

Samstag und Sonntag inbegriffen, von 10 bis 14 Uhr und von 16 bis 20 Uhr. In der Zeit von 14 bis 16 Uhr lese ich, meistens Zeitungen. Wenn ich mit einem neuen Roman anfange, dann muss ich die ersten drei Monate immer zu Hause sein, bis ich den Roman im Griff habe. Danach kann ich überall arbeiten, im Hotelzimmer, sogar im Zug. Aber die ersten drei Monate brauche ich meine Wohnung, meinen Schreibtisch und meinen Kater. Der neue Roman ist teilweise dem Kater gewidmet: ›Für Josephine und Gian‹. Gian heißt der Kater. Ich mag Katzen sehr. Ich bin verliebt in Katzen.

Haben Sie einen ersten Leser?

Ich schreibe die ersten zwei Kapitel, dann redigiere ich das erste, dann schreibe ich das dritte, und am Ende redigiere ich das zweite, dann kommt das vierte und so weiter. Eigentlich habe ich am Ende zwei Versionen, die ich dann nochmals drei, vier Wochen liegen lasse, um dann eine dritte Korrektur zu machen. Diese Fassung bekommen mein Verleger, meine griechische Lektorin und meine Tochter. Wenn ich ihre Kommentare habe, mache ich die endgültige Fassung. Mit der deutschen Lektorin bei Diogenes erstellen wir eine weitere Fassung: die europäische Version. Nach meinem ersten Roman sind wir darauf gekommen, dass vieles, was ich schreibe und zitiere, spezifisch auf Griechenland bezogen und für den europäischen Leser nicht verständlich ist. Da muss man mutig sein und kürzen. So entsteht eine Fassung, die für alle ausländischen Verleger verbindlich ist.

Sie haben in einem Interview vor fünf Jahren gesagt: »Ein Grieche will sein Geld nicht in eine Firma stecken, er baut sich lieber eine Villa. Ich bin pessimistisch. Viel ausgeben, wenig investieren – irgendwann wird das zu Ende sein.« Sie sind ein Prophet.
Ich bin kein Prophet, das war vorauszusehen.

Haben die Griechen das auch vorausgesehen?
Eine Minderheit schon, aber nur eine Minderheit. Die meisten waren ganz glücklich und haben geglaubt, es würde unendlich so weitergehen. Das war der eine Fehler. Der noch größere Fehler war der des politischen Systems, das das Ganze eifrig unterstützt hat. Diesmal sind die Griechen wirklich überfordert.

Wer ist nach Meinung der Griechen denn schuld an der Krise?
Die Regierung natürlich, die EU, die Banken und Finanzchefs ... eigentlich alle. Aber besonders eben die Regierung, die sie ja selbst gewählt haben. Aber

dann sagen meine Landsleute: Was blieb uns denn anderes übrig? Es sind doch alle Politiker korrupt. Also fühlen sie sich unschuldig.

Sie haben die Krise essayistisch und als Roman verarbeitet.

Ja, und weil ich so viel über die Krise spreche, kommt fast jeden Tag eine Interview-Anfrage. Ich will, dass die Krise vorbei ist. Nicht nur, damit die Griechen besser leben können, sondern auch, damit ich wieder meine Ruhe habe.

Darum bringen Sie in Faule Kredite *Banker aus Rache um. Als die Olympischen Spiele stattfanden, waren Sie als Sprachrohr für Olympia gefragt und nun für die Krise.*

Wissen Sie, warum? Weil ich immer dagegen bin. Vor den Olympischen Spielen bekam ich einen Anruf von einem Deutschen, der sagte: »Ich bin der technische Berater des deutschen Olympia-Komitees. Ich bin hier, um die olympischen Anlagen zu besichtigen, und ich möchte auch mit Ihnen sprechen.« – »Und was habe ich damit zu tun?« – »Um ehrlich zu sein, Herr Markaris, alle haben immer nur von Olympia geschwärmt. Ich fragte, ob es denn keinen gäbe, der dagegen sei. Da verwies man mich an Sie.«

Ist der Kriminalroman eine Art, gegen die Dummheit anzuschreiben?

In dem Sinn, dass der Kriminalroman am Ende immer eine Art Klarheit schafft, ja.

Ein Autor hat mal gesagt, dass der Kriminalroman heute vielleicht die einzige Möglichkeit ist, eine Idee unters Volk zu bringen.

Einer der Gründe, warum der Kriminalroman so beliebt ist, ist, dass der Kriminalroman der religiöseste von allen Romanen ist: Die Schlechten werden am Ende immer bestraft. Weil der Leser sozusagen aus der Predigt weiß, dass das Böse auf der Welt regiert, ist er beruhigt zu sehen, dass im Kriminalroman das Böse am Ende immer bestraft wird. In diesem Sinne sind die Detektive und Polizisten Missionare, haben eine Missionarsmentalität.

Sie sind Verfasser von Theaterstücken, haben wichtige Werke aus dem Deutschen ins Griechische übersetzt, außerdem haben Sie für Film und Fernsehen gearbeitet.

Stimmt, Anfang der Neunziger habe ich für eine Fernsehserie namens *Anatomie eines Verbrechens* die Drehbücher geschrieben, ein Riesenerfolg. Aber am Anfang des dritten Jahres habe ich die Familie

Charitos kennengelernt. Ich wollte mit den Leuten gar nichts zu tun haben, sie nervten mich.

Wie haben Sie sie kennengelernt?

Alle drei standen eines Morgens vor meinem Schreibtisch. Kennen Sie das Stück *Sechs Personen suchen einen Autor* von Luigi Pirandello? Bei mir waren es drei, nicht sechs. Ich glaube, es hat sich während des Schreibens an der Serie eine andere Idee im Unterbewusstsein entwickelt, und auf einmal ist sie auf die bewusste Ebene gekommen, und ich stand vor drei Leuten.

Vor dem Film war die Leidenschaft für das Theater?

Ich wollte ja erst Dramatiker werden und habe einige Bühnenstücke verfasst. Eins davon, *Die Geschichte des Ali Retzo,* wurde 1971 während der Militärdiktatur zum großen Bühnenstück gegen die Junta. Damals musste alles durch die Zensur, doch in meinem Stück wurde kaum etwas gestrichen. Diese Idioten hatten das Stück, das in der Türkei spielt, gelesen und durchgewinkt, weil sie glaubten, es sei ein Stück gegen die Türkei. Zwei Monate später wurde das Stück aufgeführt. Das Theater war so voll, dass die Leute sogar im Foyer warteten, und man traute sich nicht, das Stück einfach absetzen zu lassen. Es lief wochenlang, und eine Wiederholung war geplant. Damals arbeitete ich in der Zementfabrik. Eines Tages rief mich ein Bulle an: »Sie sind Herr Markaris? Mit Vornamen Petros? Und Sie haben ein Stück verfasst mit dem Titel *Die Geschichte des Ali Retzo*?« Ich: »Ja, Sie wissen ja alles, was langweilen Sie mich?« Darauf er: »Sie laufen Gefahr, Ihre Aufenthaltserlaubnis in Griechenland zu verlieren«, denn damals war ich noch Türke. Als er fertig war, sagte ich ihm, dass ich in der Zementfabrik x arbeitete. Es folgte eine Pause, dann sagte er: »Na ja, das ist natürlich ein Problem.«

Und wie kam es zu diesem irrsinnigen Projekt, den Faust *zu übersetzen?*
Der ehemalige Intendant des Nationaltheaters rief mich eines Tages an und sagte: »Petros, ich habe einen Vorschlag für dich. Setz dich hin. Übersetze den *Faust,* und zwar beide Teile, wir wollen eine Aufführung.« Ich sagte: »Vergiss es, das mach ich nicht.« Da sagte er zu mir: »Petros, das ist ein Lebenswerk.« Das ist das Schlimmste, was man einem Autor oder Übersetzer sagen kann: ›Lebenswerk‹. Also setzte ich mich hin und konnte sechs Monate lang kein einziges Wort schreiben außer der Übersetzung. Das war eine höllische Zeit. Als ich endlich den ersten Teil hinter mir hatte, sagte

der Intendant die Aufführung ab. Ich erzählte meinem Verleger die ganze Geschichte, und er meinte: »Gut, ich mach das!« Ich sagte ihm, dass er verrückt sei und nur 50 Exemplare davon verkaufen würde. Er hat bis jetzt knapp 4000 Exemplare verkauft. Unglaublich! An einer Veranstaltung im Goethe-Institut kam eine Dame zu mir: »Ich kenne Ihre Kriminalromane, aber ich bewundere Sie für die *Faust*-Übersetzung«, und ich erwiderte: »Hauptsache, Sie bewundern mich.«

Und wie sind die ersten Reaktionen auf Ihren neuen Roman?

Die Griechen scheinen begeistert. Es bewegt mich sehr, wenn ich auf der Straße angesprochen werde und die Menschen sagen: »Das haben Sie genau richtig gemacht! Wann kommt Ihr nächstes Buch?« Ich habe ja wirklich nicht mit Kritik an den Griechen gespart und reibe ihnen auch unter die Nase, dass sie mit schuld sind an der momentanen Situation. Da freut es mich sehr, dass *Faule Kredite* so gut ankommt.

Wie sehen Sie die Beziehung zwischen Deutschland und Griechenland? Ist da zu viel vorgefallen in den letzten Jahren? Ein zu großer Schaden entstanden?

Bislang war für mich die Freundschaft zwischen

Griechen und Deutschen immer eine Art Wunder: Wieso sind den Griechen die Deutschen als ehemalige Besatzer des Landes sympathischer als die Befreier England und Amerika? Das war schon ungewöhnlich. Aber nun ist dieses Verhältnis gestört, was mich sehr traurig macht. Und ich muss sagen, dass die Deutschen ihren Teil dazu beigetragen haben. Die Schmährufe der Boulevardzeitungen, auch die Äußerungen der Bundeskanzlerin und immer wieder dieses Klischee vom faulen Griechen – das hilft nicht weiter.

Nachweis

Alle in diesem Buch veröffentlichten Artikel und Reden wurden vom Autor auf Deutsch geschrieben.

›Kultur der Armut‹, in: Süddeutsche Zeitung, München, 30.12.2009, unter dem Titel ›Moderne Tragödie‹

›Die schönen Tage sind vorbei‹, in: taz – die tageszeitung, Berlin, 3.4.2010

›Tragödie oder Komödie?‹, in: taz – die tageszeitung, Berlin, 15.5.2010

›Wo alles 'sozialistisch' ist‹, in: woz – die Wochenzeitung, Zürich, 27.5.2010

›Risse wie nach einem Beben‹, in: woz – die Wochenzeitung, Zürich, 5.5.2011

›Sparbuch für mittellose Griechen‹, in: taz – die tageszeitung, Berlin, 23./24.7.2011

›Krise ohne Perspektive‹, Eröffnungsrede zur Buch-Wien 2011 am 9.11.2011, ungekürzt abgedruckt in: Wien live, Heft Dezember 2011/Januar 2012

›In Athen gehen die Lichter aus‹, in: DIE ZEIT, Hamburg, 1.12.2011

›Die Krise hat das letzte Wort‹, in: Süddeutsche Zeitung, München, 26.1.2012

›Nur eine Finanzkrise?‹ Rede vor der Österreichischen Gesellschaft für Auslandpolitik, gehalten am 29.2.2012

›Ein verrücktes Land‹, in: sonntaz – die tageszeitung, Berlin, 19.5.2012

›Vierzig Tage, die die Welt erschütterten‹ ist ein Beitrag, den der Autor eigens für diesen Band geschrieben hat.

›Eine Freundschaft in Gefahr‹, in: Süddeutsche Zeitung, München, 9.10.2012

›Vom Schwinden der Erinnerung‹, in: Neue Zürcher Zeitung, 4.3.2013

Gespräch mit Petros Markaris, geführt von Daniel Kampa für das Diogenes Magazin Nr. 8, Herbst 2011